中社智库 国家智库报告 2019(10) National Think Tank
国家治理

现代公共精神的重塑
——来自监利的报告

周庆智 蔡礼强 著

THE RECONSTRUCTION OF MODERN PUBLIC SPIRIT:
A REPORT FROM JIANLI

中国社会科学出版社

图书在版编目(CIP)数据

现代公共精神的重塑：来自监利的报告/周庆智，蔡礼强著.—北京：中国社会科学出版社，2019.6
（国家智库报告）
ISBN 978-7-5203-4652-8

Ⅰ.①现… Ⅱ.①周…②蔡… Ⅲ.①精神文明建设—研究报告—监利县 Ⅳ.①D648

中国版本图书馆CIP数据核字（2019）第122643号

出 版 人	赵剑英
项目统筹	王 茵
责任编辑	喻 苗
特约编辑	王 琪
责任校对	刘 娟
责任印制	李寡寡

出　　版	中国社会科学出版社
社　　址	北京鼓楼西大街甲158号
邮　　编	100720
网　　址	http://www.csspw.cn
发 行 部	010-84083685
门 市 部	010-84029450
经　　销	新华书店及其他书店

印刷装订	北京君升印刷有限公司
版　　次	2019年6月第1版
印　　次	2019年6月第1次印刷

开　　本	787×1092 1/16
印　　张	10.25
插　　页	2
字　　数	115千字
定　　价	56.00元

凡购买中国社会科学出版社图书，如有质量问题请与本社营销中心联系调换
电话：010-84083683
版权所有　侵权必究

摘要: 来自监利"东方之星"客轮翻沉事件中公共救援的报告表明,现代公共精神的重塑,关键在于制度建设和文化建设互为支撑并形成国民共同体的凝聚力,即孕育于国民共同体的公共精神主要来自两个方面的支持力量:一是公共组织(政府)与个体民众紧密相关的现实政治权益联系;二是基于价值共享基础上的文化共同体意识。本报告围绕政治权益联系与文化价值联系对监利人民在"东方之星"客轮翻沉事件中所展现的公共精神进行讨论,试图辨识政治凝聚纽带与文化凝聚纽带如何把个体民众与公共组织(政府)密切联结起来,其所揭示的公共精神的本质如何贯穿于监利公共精神的建构当中,并指出监利公共精神的内涵对构建新时代中国公共伦理和公共精神所具有的示范或启示意义。从监利个案中,能够概括和提炼出当今中国公共精神的核心元素,或者说,监利人民展示出来的基于政治权益联系与文化价值联系基础上的现代公共精神,具备当今中国社会转型时期社会公共生活伦理的基础价值建构意义。

关键词: 监利;现代公共精神;政治联系与文化联系

Abstract: According to the report of capsized "Oriental Star" in Jianli, the remodeling of modern public spirit lies in institutional construction and cultural construction interactively support each other and the community cohension that formed by them, that is public spirit mainly comes from two things: one is the closely linked political rights between community organization and individuals; another one is the cultural community consciousness based on shared value. This report focuses on the public spirit demonstrated by the accident of "Oriental Star" from the perspective of political and cultural ties, trying to identify that how do thoses ties link the populace and the governmant together, and how does the essence of public spirit permeate in the whole process of construction of the public spirit, and pointing out the referential significance from Jianli case to the construction of public ethics and public spirit of new era. From the case of Jianli, we can summarize and generalize the core element of public spirit in today's China, or the modern public spirit based on those political and cultural ties has the significance of basic constructional value to social public life in current transitional period.

Key Words: Modern public spirit; Jianli Case; Political and Cultural ties

目　录

前言 …………………………………………………（1）

一　公共领域的内聚力与现代公共精神 …………（1）
　（一）政治与文化的联结纽带 ………………（10）
　（二）公民共同体的公共精神 ………………（12）
　（三）公共领域转型与公共精神演变 ………（15）

二　社会转型与社会组织结构变化 ………………（23）
　（一）社会转型 ………………………………（23）
　（二）社会组织结构变化……………………（25）

三　政府治理转型与服务型政府建设 ……………（31）
　（一）政府治理转型 …………………………（31）
　（二）服务型政府建设 ………………………（35）

四 公共组织（政府）与个体的权益关联和价值关联 …………………………………………… (43)
 （一）政府能力建设 …………………………… (45)
 （二）行政伦理与公共精神 …………………… (49)

五 社会组织对现代公共精神的建构作用 ……… (69)
 （一）社会组织与公共组织（政府）的制度化关系 …………………………………… (70)
 （二）现代社会组织的治理意义 ……………… (87)

六 基于政治与文化联系的现代公共精神内涵 ……………………………………………… (105)
 （一）公共精神的政治关联 …………………… (106)
 （二）公共精神的文化关联 …………………… (112)

七 现代公共精神的重塑：监利的启示和示范意义 …………………………………………… (119)
 （一）公共生活方式与公共精神 ……………… (121)
 （二）现代公共精神的建构含义 ……………… (125)

附录 地方政府治理现代化调查问卷 …………… (133)

参考文献 …………………………………………… (146)

前　言

2015年6月1日晚，载有456名乘客的"东方之星"客轮在长江监利段翻沉（简称"6·01"事件）。事件发生后，160多万监利人民齐心协力，从党员干部到普通市民，从企业家到个体工商户，从私家车到出租车，纷纷加入志愿者行动，展现出监利人民的大义、大爱、责任和担当。

监利人民在"东方之星"客轮翻沉事件的救助中所表现出来的公共精神，与人们对当前社会公共生活缺乏意义的集体焦虑以及物欲主义、消费主义造成公共社会环境"世风日下"的普遍忧虑形成鲜明的对照，人们惊异于监利人民在公共危机面前所呈现出来的"监利力量"和"小城大爱"，那么蕴含于监利人的那种公共精神的底蕴是什么？其鲜明的时代印记是什么？对当前中国社会公共精神的重塑具有什么启示意义？

对监利公共精神的挖掘之所以有现实意义，更深层的原因在于当前中国社会的公共生活形式和公共精神正经历着深刻的变化和转型。市场化改革以来，中国社会经历着公共领域的结构性变化。从单位社会的集体主义公共生活形式，逐渐进入后单位社会的公共生活形式的转型当中。个体民众从国家生活和社会生活回归于个人生活，个体的人生目标从国家意识形态的宏大诉求回归到现实的家庭与个人生活当中。在这个转型过程中，单位社会的集体主义价值被全面解构。或者说，在单位社会生活的整体意义被解构之后，个体不必再作为社会有机体的组成部分而存在，而是被纳入了资本逻辑当中，并与原有的社会整体相脱离，个体不可能从社会整体中确立自己的意义。[①] 因此，确认新的社会伦理共同体的历史文化根基与建构新的公共价值，是同一个问题的两个方面。因为任何一个社会公共精神的建构，一定是基于人们共同体的历史文化和现实价值浑融生成的基础之上，所以，从传统的（具体关系组成的联合体）文化凝聚纽带上升为公共社会的（抽象关系组成的联合体）政治凝聚纽带，重构一种有序、多元的公共伦理价值和公共精神，对现代公共生活方式的生成和确立，从而实现一种自治的

[①] 王立胜、王清涛：《资本逻辑的兴起与当代中国的价值重建》，《文化纵横》2016年10月刊。

社会组织形式，具有社会整合和公共政治秩序建构意义。

当今中国社会的公共生活缺乏公共伦理意义和公共精神，始于市场化改革而至于当今。之前个体民众依附于单位组织形式当中，支持这样公共生活的意义体系是外在的革命化集体主义价值，个体民众的精神世界与国家意识形态紧密相关。自改革开放以来，农村的经济社会生活发生了巨变，家庭联产承包责任制取代依附性关系的公社体制后，一方面，国家权力上收至乡镇一级，抽身于农民的经济社会生活之外；另一方面，农民回到了家庭（家族）单元当中，个人生活的意义和公共生活的伦理意义回落到传统、习俗、习惯和惯例等构成的家庭本位文化规范上。乡村公共生活伦理发生了裂变，即原来的公共价值意义不在，但新的公共价值意义也没有形成，这导致乡村公共生活式微，公共伦理缺失，乡村公共生活意义处于失序的多元图式当中。

在这个意义上，解析监利所体现的公共精神内涵主要为以下方面：第一，监利在"东方之星"客轮翻沉事件中表现的"小城大爱"所蕴含的公共精神的核心意涵是什么；第二，在什么意义上，监利公共精神可以被赋予新时代中国公共精神建构的崭新意义；第三，监利公共精神体现的价值元素如何才能融合于当代中国公共精神的建构之中。

公共精神孕育于公共社会之中最深层的基本道德和政治价值层面的以公民和社会为依归的价值取向，它包含民主、平等、自由、秩序、公共利益和公共责任等一系列最基本的价值命题。① 或者说，公共精神的实质就是政治利他主义，认为这种利他能够促使公民关心公共事务并超越私人利益，积极参与社区治理之中。② 概言之，公共精神成长于公共领域，与政治生活紧密相连，以公共性为价值依归，是位于人们心灵深处的基本道德与政治秩序观念、态度和行为取向。它包括独立的人格精神、社会公德意识、自律自制的行为规范、关心和参与公共事务、政治利他、爱心和奉献等公共价值与信念等。

解析监利案例所体现的公共精神，我们需要从政治与文化这两类组织化力量对于公共社会的内聚作用，来展开讨论和分析。因为，从人类经验上看，将一个国家的公民共同体凝聚起来的无非是这两个纽带——政治纽带和文化纽带。所谓政治纽带，乃以国家、团体、个人的权利配置等抽象关系组成联合体，根据对权益配置的同意及约束形成内聚。所谓文化纽带，乃

---

① 马斌：《公共精神之解读》，《传承》2010年第8期。
② ［美］珍妮特·登哈特、罗伯特·登哈特：《新公共服务：服务，而不是掌舵》，丁煌译，中国人民大学出版社2004年版。

以家庭、家族、宗族、村社共同体、种族、民族等具体关系组成联合体，根据共享的历史、血缘、地缘、语言等因素形成内聚。两者都以创造共享互赖关系而促成社会连接，但由于文化纽带的扩展受到同质性和前在性的限制，其整合优势在同质性社会中较明显。而政治纽带可以通过选择性竞争程序的设置，跨越社会类别协调分歧，因而它在异质社会的条件下，更具社会整合优势。① 因此，本报告对监利公共精神的讨论就是围绕着政治与文化这两个联结公共领域的凝聚纽带，试图辨识政治纽带与文化纽带如何把个体民众与公共组织（政府）密切联结起来，其所揭示的公共精神的本质如何贯穿于监利公共精神的建构当中，并指出监利公共精神对构建新时代中国公共伦理和公共精神所具有的示范或启示意义是什么。

来自监利的报告表明，当今中国的公共领域并不缺失价值和意义，关键在于制度建设和文化建设互为支撑并形成共同体的凝聚力，即孕育于国民共同体的公共精神主要来自两个方面的支持力量：一是公共组织（政府）与个体民众紧密相关的现实政治权益联系；二是基于深厚的历史文化传统上的共同体意识。这两方面的阐述主要围绕公共组织（政府）的公共

---

① 张静：《社会整合纽带比较：文化与政治》，《二十一世纪》第140期，2013年12月号。

性、社会转型与社会变迁、公共领域的形成、社会组织的发展、公共性社会关系性质的变化及其利益基础和价值基础、社会成员体系的凝聚力等方面。因为这些方面是现代公共精神形成的核心要件和结构性条件。事实上，监利基于政治权益联系与文化传统联系基础上的现代公共精神，具备当今中国社会转型时期的基础价值建构意义。进一步讲，从监利个案中，我们能够概括和提炼出当今中国公共精神的核心元素，并且，我们认为这些核心元素对当今中国社会公共领域的发展和公共精神的建构具有广泛的、现实的、深远的政策启示和示范意义。

一 公共领域的内聚力与现代公共精神

在"6·01"公共危机事件当中,监利党政系统具备了很强的公共危机处置能力,不仅如此,全体监利人民上下一心,展示出令人振奋的公共精神。其间,全县共累计接待乘客家属2262人,涉及乘客455名,累计接待对口省份工作人员1364人,媒体记者890人,安排在城区152家大小酒店、宾馆、旅社及45户爱心家庭,累计提供床铺4000多个,有26家机关、企业和学校为来监利人员提供食宿便利及办公场所。公共体制与社会力量团结一心,展示出强有力的现代公共精神。

在公共体制这一边,监利县委县政府所表现出来的强有力的公共危机处置能力和高效的社会动员能力,主要表现为如下方面:

第一,全面组织动员。一是部署周密。县党政系统领导第一时间组织政府办、安监、公安、海事、交通、民政、卫生等部门负责人赶赴现场着手展开事故救援及相关工作。组织有1000多名民兵的应急分队第一个抵达事故现场。组织投入救护车辆60台，对第一时间发现的生还人员迅速安排救治。组织沿江乡镇干部群众2500多人在辖区江段江面开展拉网式搜救，组织150多艘船只在江面配合搜救，并成立了长江游轮侧翻事件处理工作指挥部，同时组成搜救、善后、宣传、保卫、接待、事故协助调查六个工作专班，全力以赴投入救援和服务工作。二是全面动员。翻沉事件发生后，县委、县政府思想高度统一，全面动员广大干部群众积极投身救援工作。全县各县直单位、乡镇的所有机关干部，迅速投入救援、保障和服务当中。同时，通过县域广播、官方微信公众号等，动员全社会力量积极参与救助和服务工作。

第二，服务保障有力。一是妥善接待乘客家属。向媒体公布了一部办公电话以及一部手机号码，24小时不间断地接受乘客家属咨询，引导乘客家属来监，同时，加强对县内志愿者的调度和指导，服务乘客家属。为了确保每一个乘客家属来监利后能够有一个安心的环境，政府在随岳高速监利入口处设置了接待站，在医院、宾馆等地设置了咨询点，成立了巡回医疗队，组织了183支工作队、共1600多名工作人员，按照1

名来监乘客家属对口安排1名工作人员的标准，为乘客家属提供免费的食宿、医疗、交通、精神抚慰等方面的服务，最大限度地满足乘客家属各方面的需求。二是做好后勤保障。调配一切可以调配的资源，发动一切可以发动的力量，认真做好人员调度、物资保障。截至6月12日，在事件处置过程当中，监利县已投入人力12500多人，投入物资费用近9000多万元。三是协助善后处置。其一是开展了DNA比对及结果交接工作。其二是全力做好遇难者遗体告别工作。其三是开展了遗失物清理和认领工作。其四是切实加强疾病防控工作。其五是全力做好安全保卫工作。

在社会力量参与这方面，监利的广大人民群众和社会各界人士积极参与所体现的公共精神，主要归纳为如下几点。

第一，社会组织发挥作用。6月3日在县委动员会议召开后，监利广播电台发出了"黄丝带"爱心车倡议，市民踊跃响应，纷纷参与。"黄丝带"将服务对象范围从远道而来的寻亲家属，扩大到救援部队、志愿者和媒体记者，除提供交通通行外，还提供食品、住宿等各种服务，成为监利最感人的色彩。整个救援善后期间，共有3000多台私家车和出租车车主加入爱心行列，累计从武汉、荆州、岳阳和潜江4个主要站口接送1000多人次，城区接送8000多人次，平均每一辆黄丝带车辆免费接送3人次以上。

第二，民众自发参与。事件发生以来，监利市民自发开展了全城志愿服务行动。其间，共有5000多名志愿者为家属开展各种服务，全县的医院、城区等主要路口、遗失物认领处、殡仪馆，也都活跃着广大市民志愿者的身影，哪里需要人手，他们就第一时间顶上。不少市民志愿者购买矿泉水和方便面，开车送往各大酒店、武警官兵驻扎基地、高速出口等。任何一条和救援保障有关的信息被转发到朋友圈或者微博，3分钟内就有志愿者提供帮助，得到解决，监利群众的正能量令世界感动。

第三，社会互助行动。接待家属的房源不足，后方指挥部向社会发布消息征集房源。短短一个小时，就收集到200套房源。不少城区居民将自己的住房收拾干净，备好热水热饭，以满足来监人员住房需要。监利城区千禧大酒店为乘客家属及救援人员免费提供食宿，为救援一线官兵每天免费准备几百份盒饭，为住宿的乘客家属和参与救援人员免费提供三餐。虽然高考在即，所有预定了酒店的家长、考生也顾全大局，主动腾出房间，把更多的公共资源拿出来保障救援、接待乘客家属。

第四，民营企业组织参与。沉船事件发生后，监利的大小企业都争先恐后地投入救援行动。玉沙集团分批次捐赠总价值72万余元的毛巾、毛毯，并组织了有12辆车的爱心救援专用车队和有120人的义工服务队，分别配合后勤指挥部接送遇难者家属和配合县殡仪馆进行遇难者遗体的清洗、转运、收殓等工作。湖北顺昌门业董事长范仕仁不仅将自己的房间让出，还让公司员工腾空50多间房，让70位部队救援人员、17位南京工作组成员以及乘客家属住了进去，并为他们安排用餐。香港家居产业园、监利粮酒、华龙药业有限公司，甚至包括县内各快递公司、理发店都积极参与，出钱出人出力。

在"6·01"公共危机事件中，对监利党政系统和社会力量上下一心所表现和展示出来的公共伦理和公共精神，尤其对监利党政组织主导救援工作来说，"为什么我们的救援善后工作能一呼百应？为什么我们的工作能得到广大群众和社会各界的认可"，监利县委书记是这样总结的：

> 一是通过党风带民风，形成了正气。一个地方政治生态好，党风、政风、社会风气的综合反映才会好，人心就顺、正气就足，党在群众面前才能有影响、有威信。通过这些年来所做的努力，监利的党风政风持续向好，干部群众的精气神不断提高，社会正能量也逐步累积。加之，在这次

事件当中，党员干部也全力以赴地冲在救援和善后一线，发挥出了先锋模范作用。所以，才会出现红旗所指，万众向前，党旗一挥，应者云集的感人景象。

二是注重抓发展惠民生，凝聚了人心。近几年来，县委、县政府通过狠抓经济发展，大力改善民生，广大干群心气高涨，对未来充满希望，正是因此，在关键的时刻，广大人民群众才会认可县委县政府的工作，支持县委县政府的工作；才会和县委县政府心往一起想，劲往一处使。例如，在整个救援保障期间，全县社会治安非常稳定，城市秩序井然有序。其间，监利民众自发组织了几场人员较为集中的祈福活动，政府通过媒体提醒大家注意安全，群众都能自觉有序散场；政府进行市场巡查，发现监利的商家没有出现一起乱涨价的；政府号召高考期间家长不要陪考，监利的家长就几乎没有陪考，高考工作也组织得异常顺利。

三是加强精神文明建设，取得了成效。这些年来，大力培育发展文化，塑造了监利人开放包容的心态，所以，在需要挺身而出的时候，监利人民才能够不分你我，顾大局、讲大爱、有大义；这些年来，监利大力弘扬"厚德从善、诚信守法、崇文重教、尚勤实干"的监利精神,所以,在关键的时刻,监利人民才会无私付出,有担当、有责任、有气魄;这些年来,我们坚持不懈地开展省级文明县城创建,所以,在全世界目光都聚焦监利的时候,监利人民才会体现出积极向上的价值追求,释放出感动中国的道德正能量。①

上述关于监利人民公共精神生成的总结,可以概括为一句话:政府具有高度的行政伦理,民众才能具有公共精神。实际上,这强调两个背景性框架:背景性制度框架与背景性价值框架。这两个背景性框架以客观制度机制的方式保证每一个人平等的基本自由权利,有尊严地生活。以尊严、尊重、自尊为核心的社会背景性价值框架,使人在有尊严的生活过程中塑造出第二天性与健康人格。换言之,社会提供什么样的生活世界,其成员在总体上就会有什么样的心灵世界。尤其是在当前社会历史转型中,生活秩序与心灵秩序的同构乃是形成现代公共精神的源头活水。进一步讲,对监利公共组织(政府)和社会组织及其成员所展示的公共精神的观察出发点,包括三方面含义:其一,公共精神作为一种社会精神,是历史的,有客观历史

---

① 监利县委书记董新发:《把东船救援善后工作变成践行"三严三实"的过程》(参加省委中心组"三严三实"专题研学发言材料)。

内容。其二，公共精神本身是生长着的，有不同的历史形态。其三，社会成员个体道德状况是具体、历史的，是其日常生活环境的产物。

在上述意义上，我们能够理解和解释监利公共精神的内涵。第一，公共组织（政府）代表的制度正义所形成的制度整合能力。制度正义指社会制度的正义，具体是指社会财富、资源、责任、义务分配是否公平和正当。公正的制度可以大大提高效率，而且好的道德离不开制度正义，公共体制或公共组织（政府）要体现制度正义。或者说，社会结构、制度机制，不仅在宏观上公平正义地分配基本权利和义务，从而在开放性合作过程中持续再生产合作性社会关系，而且还通过惩罚那些破坏合作性社会关系的方式，保护这种合作性社会关系的持续再生产。第二，公共生活的基础性价值所形成的价值凝聚力。公共领域的价值共享需要自由、民主、权利、平等、法治、尊重、尊严，缺少其中一项，都很难说是一个有健全伦理秩序的社会。反过来讲，在一个伦理秩序不健全的社会中很难指望人们会有健全、健康的人性，无论是所谓道德冷漠，还是暴戾、残忍，或者痞气、蛮横等，都是一种人性状况。第三，现代公共政治文化的形塑。在"6·01"事件中，监利干群一条心，就在于个体与公共组织（政府）之间建立了新的文化和政治联系，这是现代政治文化的核心含义。换言之，对于公共领域而言，公共法律的功能是调整人们的基本关系，但只有公共政治文化才使公共领域具有价值和意义。因此，建构公共领域价值的关键在于重塑公共政治文化，这要求公共组织（政府）的基本任务是建构现代公共性社会关系，而且后者形成的政治与文化联合体建立在利益组织化协调机制与社会公正维护机制紧密无间的政治联系上。

那么，进一步的问题是，形成公共精神的制度基础和价值基础是什么？或者说，监利经验即监利公共组织（政府）所展现的公共伦理精神和监利人民所展现出的现代公共精神，建立在什么样的制度文化的基础性关联之上，这是我们要讨论的核心问题，因为只有如此才能把监利的公共精神确立在坚实的历史和现实的支撑之上。

历史地看，公共精神植根于民族国家的文化历史联系和政治联系之中，肇始于公权与私权的分化以及公共领域与私人领域的功能界分，也就是说，公共精神是一种现代社会意识形态，它孕育于公共领域之中，是公共生活中独立自由的个体以利他的方式关心公共利益的态度及行为，并以个体自身在其中形成公共领域所要求的基本道德和以公共利益为依归的价值取向。它具体表现为独立自由的个体对"私人领域"的超越和对公共生活的积极参与，其中，它包括对公平、自由、民主、秩序和责任等一系列最基本的价值目标的认定。此外，公共精神还包括公平正义精神、民主法治精神、社会公德意识、自制自律意识等基本内涵和公共性、公正性、渗透性、开放性、时代性等特征，这些特性构成现代公民理性和公共精神的本质含义。

（一）政治与文化的联结纽带

上述公共精神的内涵构成现代社会公共领域的核心关联——政治与文化的关联，后者构成现代社会公共领域的基本价值。这种价值在传统社会并不存在，但我们可以在与之比较中获得对前者的进一步理解和解释。在皇权时代，民众对国家的认同意识，主要是一种文化共同体意识，它有一套文化象征意义体系，"文化认同在个人意识层面广泛而牢固，如同祭拜家族祖先，进而广义上的祭拜先人和先世皇帝，都在维系子民对同宗同祖的认同和归属感。这一认同的基础是共享同质性特征，特别是血缘和地缘的由来和历史关系"[1]。这种文化认同将家—国—天下贯穿起来，即把民众与皇权联系起来的是一种"文化凝聚纽带"，这

---

[1] 张静：《社会整合纽带比较：文化与政治》，《二十一世纪》第140期，2013年12月号。

种文化纽带存在于以家庭、家族、宗族、村社等具体关系组成的联合体上。从历史发展上看，起到社会整合作用的就是这种文化中心主义或文化民族主义（cultural nationalism），这种文化共同体意识深藏于民众的文化历史联系中，"有数千年之文明教化，有无量数之圣哲精英，孕之育之，可歌可泣，可乐可观，此乃中国之魂"①，反过来讲，皇权作为一种抽象关系，与民众没有融合为现实关系。所以，文化认同主要承继于代代相传的历史共同体意识，对于国家/皇权来说，原子化的个体民众更多地是与家庭、家族、宗族、村社等初级社会组织建立互惠和互赖关系。

与文化凝聚纽带不同，政治凝聚纽带成长于与现代民族国家（nation-state）同时诞生的民族主义——政治民族主义（political nationalism）中。现代民族国家提供了一个完整的、独立的、政治统一的民族身份。作为社会运动，政治民族主义在民族国家的建构过程中造就了现代的民众和民众结合的社会组织方式，即所谓"文明化过程"。② 与文化民族主义不同，这时的

---

① 康有为：《孔教会序其一》，《孔教会杂志》（第1卷第2号），1912年，第2—3页。
② 参见孔飞力《中国现代国家的起源》，生活·读书·新知三联书店2013年版；徐迅《解构民族主义：权力、社会运动、意识形态和价值观念》，载李世涛主编《知识分子立场——民族主义与转型期的中国的命运》，时代文艺出版社2002年版。

国家才与民众发生了现实的政治权益关系。① 近代以来中国现代国家建构的最大特征，就是加强国家的财税汲取和社会控制动员能力，从另一方面讲，它没有致力于现代公共性社会关系的建构，因此，所谓的现代公共精神，核心就是建构政治民族主义或国家主义（statism）的凝聚力，后者是民族主义（nationalism）与政治权力结合的一种意识形态。通过操纵历史记忆，民族的神话就被编织出来，民族主义以群体的自我寻求和情绪为开端，转化为社会和政治运动。② 国家的目标是将社会纳入现代国家权力体系和资源分配体系当中。

（二）公民共同体的公共精神

1949年中华人民共和国成立后，在国家与社会一

---

① 1904年，陈独秀在《说国家》一文中写到，通过鸦片战争，才令他认识到"国家"和"自己"存在着一种关系："世界上的人，原来是分作一国一国的，此疆彼界，各不相下。我们中国，也是世界万国中之一国，我是中国之一人。一国的盛衰荣辱，全国的人都是一样消受，我一个人如何能逃脱得出呢。我想到这里，不觉一身冷汗，十分惭愧。我生长二十多岁，才知道有个国家，才知道国家乃是全国人的大家，才知道人人都应当尽力于这个大家的大义。我从前只知道，一身快乐，一家荣耀，国家大事，与我无干。"

② 徐迅：《解构民族主义：权力、社会运动、意识形态和价值观念》，载李世涛主编《知识分子立场——民族主义与转型期的中国的命运》，时代文艺出版社2002年版，第39页。

体化的体制下，个体与国家意识形态紧密连接起来。国家代表民族和人民的整体利益，在社会生活各个领域拥有至高无上的核心地位。国家利益至上，个人利益服从国家利益，为了保护国家利益可以牺牲局部利益与个人利益。从生产资料所有制形式，到生产组织形式，再到人的思想内容，都被纳入国家体制当中。在这样一种意识形态的要求下，对社会秩序建构的最终目标是实现中国人精神的统一，也就是说，不仅要实现国家制度层面上的强制性统一，而且要实现全国人民精神层面上的统一。因此，"行政单位"——城市单位制和农村人民公社制——的公共伦理和公共性社会关系的价值取向就是集体主义。本质上，社会主义的根本特征就是公有制和计划经济，公有制需要人们根除私有财产观念，以无私的观念来建设一个新公有制社会。因此，公共领域与私人领域之间没有界分或界限，个体的公共意识或公共精神只有放置于国家信仰的宏大叙事话语体系当中才能获得意义。

个体的认同意识转化为国家意识或公共意识，需要具备两个基本前提条件：第一，个体与国家的关联是一种权益关系，反过来讲，如果国家不能与个体建立权益关系，那么国家意识与个体关联就不可能建构起来；第二，个体与国家意识的关联建立在国家维护公民以及公民权利的现代公共法律保障上。也就是说，抽象的国家意识要与具体的个体权利关联起来，并且这种关联要确立在现代公共法律秩序的框架之内。反过来讲，如果个体对国家的认同只是停留在（皇权时代）文化历史意识的关联上，那么期望现代国家共同体意识建构的目标就不可能具有实质性的意义。

由此，只有文化凝聚纽带是不够的，还必须要有"政治凝聚纽带"，或者说，只有在政治凝聚纽带的凝聚力作用下，才能建构现代公共领域和公共生活方式，也才能培养一种理性的公民公共精神。因为，政治连接纽带不仅基于历史文化联系，更为根本的是基于实际权益的联系。"如果国民的谋生和国家基本制度关联性不大，他们就没有动力真正参与国家的政治和经济生活，因为其具体需要和国家制度的关系较小，其权益的保护和界定主要也不是来自国家，而是来自身边的具体关系。人们依靠社会初级团体或地方体生活，依靠这些组织保护自己，处理大部分事务，这意味着，人们的权益界定及安全保障实现，来自家庭、宗族、村社、乡友、士绅团体、村社共同体而不是国家公共制度。除了文化同一性的共享，国家各地的民众并不共享统一的法律地位或同一的法律权益。"[①] 在这种组织秩序下，由于不存在公共社会，公权与私权的分化

---

① 张静：《社会整合纽带比较：文化与政治》，《二十一世纪》第140期，2013年12月号。

不充分，两种权力的性质和用途常常浑然一体。也因此，这样的社会就不能够培养公共伦理意识和公共精神。政治连接纽带为共同体带来的是一种崭新的公共生活方式和公共伦理文化，因为政治连接纽带源于如下事实："国民之间及其和国家之间分享相互授权和责任，并依赖这种合作关系共生，形成'我们'的一体性联系，我称之为政治认同纽带。这一纽带的根基，建立在国民与公共组织的权益分立并互赖以及他们的目标和价值共享之上。"① 如此，个人利益、团体利益与公共利益的关联才能建立，社会整合就在这种政治关联当中完成，个体民众才可能从初级组织的具体关系中走出来，进入公共社会的抽象关系当中。

（三）公共领域转型与公共精神演变

1978 年开始的市场化改革，社会分工的多样化和社会利益群体的分化，带来了有利于社会发育的元素，基层社会有了自治空间、自治能力和自治的社会基础，社会自治乃是公共领域转型的结构性条件。也就是说，社会自治是现代公共领域的基本组织化形式。公共社会形成独立的、自治的结构性领域，在于社会治理一

---

① 张静：《社会整合纽带比较：文化与政治》，《二十一世纪》第 140 期，2013 年 12 月号。

定是社会组织参与形成的多元自治秩序，社会自治由社会组织自行提供规则，通过自主选择、自主组织和集体行动，来治理公共事务。与传统社会治理形态不同，现代社会是一个利益分化和价值多元化的社会，权威的社会来源不同，治理的结构形态也不同，此其一。利益组织化是社会变迁必然面对的问题，并且这个问题与社会秩序直接相关，资源与权利的分配需要制度整合和社会整合。社会自治成为一种结社生活，由自由结社形成的社会中介组织可以有效地解决纷争，促进社会内聚、共识及合作的发展，增强制度公平吸纳外部社会力量的能力，实现社会利益组织化，此其二。

1. 公共领域发展的结构性基础条件

市场化改革带来社会关系结构的变化和制度化关系的变化，必然会给基层社会秩序体系建构提供变革的前提和基础性条件。

第一，社会组织结构发生了变化。一是单位社会的利益组织化架构，转型进入公共社会的利益组织化架构。国家或全民所有的社会组织在整个中国社会中所占的比重在迅速下降，在某些经济领域和行业中，国家或全民所有的经济组织已经变成一个很小的部分，取而代之的是私营的、合资的或股份制的经济组织形式。① 进入市场组织的人在不断增长，还在单位利益结构当中的人在不断地减少。二是乡村社会组织结构也发生了重大改变。实行基层群众自治，即旧的利益组织化架构废止，代之以新的利益组织化架构即村民自治组织。但一方面，村民自治组织是一个没有多少自治权的社会组织，是基层政府权力的一个功能部分；另一方面，它只是一个与集体土地产权相关联的行政村村民的"成员身份自治"共同体，它不可能将基层所有民众甚至包括村民的利益纳入权利分配的体系当中。②

第二，社会联系方式发生了变化。一方面，过去联结人们权利、责任、义务这些因素的纽带，比如单位、村庄、家庭、宗族，正在发生一个从"身份到契约"即从身份关系到契约关系的变化。在社会关系领域，与过去不同的是，人际关系的契约化，成为构成现代生活各种社会关系的最基本形式。另一方面，基于自由合意产生的契约关系形成的共同体，逐渐发展起来，各种社团组织，如社会中的互助团体、市场中的商会、行业协会组织等。构成社会基本联系的是充满选择和变易的契约关系，也就是说，结社关系组织化，成为现代经济生活必不可少的条件。简言之，与

---

① 李汉林：《中国单位社会：议论、思考与研究》，中国社会科学出版社2014年版，第1页。
② 周庆智：《厘清村民自治与基层社会自治的不同属性》，《人民论坛》2016年8月上期。

传统身份社会的根本差别之一,是现代社会关系为契约关系和结社关系,出现了新的社会联系方式及其自治组织形式。

第三,国家与社会关系发生了变化。在中华人民共和国成立后,通过单位制体制机制的利益组织化,国家与社会一体化,社会不能自治,社会也没有能力自治。改革开放以来,社会领域出现了新的组织形式,有了实质性的自主空间,产生了体制外整合或协调个体与个体或个体与国家关系的"半官半民"的社团或个体协会。[①] 比如,国家允许公民享有有限的结社自由,允许某些类型的社会组织存在,但这类组织的目标必须与政府的目标保持一致,不允许它们完全独立于国家之外,更不允许它们与执政党构成一种权力分享关系。同时,国家也有意识地利用各种社会组织提供公共产品和公共服务,比如社区公共产品供给和公共服务的市场化,使其发挥辅助治理的作用。上述社会关系领域的变化,使社会组织的发展有了体制外的成长空间,为国家与社会之间的结构性安排以及这种安排的制度化提供了基础条件,也就是说,社会自主化发展具备了有限的制度条件。

---

① 参见王颖、折晓叶、孙炳耀《社会中间层——改革与中国的社团组织》,中国发展出版社1993年版,时宪民《体制的突破——北京市西城区个体户研究》,中国社会科学出版社1993年版。

上述体制结构性因素的变化表明，相对独立于国家的私人领域（以市场为核心的经济领域）和公共领域（社会文化生活领域），开始主张自身存在的权利并要求有自己的组织形式。也就是说，经济社会基础发生的重大变化，社会关系领域必然也会发生变化，并且，社会结构变化和制度化关系的变化最终会体现到基层社会治理结构体系的变化上。

2. 公共领域的价值多元与公共精神演化

改革开放后，传统公共性社会关系性质发生了改变，个体与公共体制的连接性质和形式出现结构性变化，其中最为突出的特征是，个体与国家政治意识形态逐渐分离，而且确立在单位社会基础上的集体主义价值被全面解构，公共政治文化进入一个多元且无序的状态，社会分化、社会冲突和社会分歧增多，中国社会仿佛进入了一个价值诸神狂欢的状态之中，其中物质主义/消费主义成为社会生活的主流形式。市场经济体制的不完善、缺乏公共性的公共权力、公民社会的不成熟和公共空间的狭窄、社会成员缺乏自律自控意识等，所表现出来的政治腐败、社会腐败、价值分歧、公德不彰、公共意识不强等现象，成为公共领域的常态，市场化带来的世俗化竟然使社会生活失去了公共理性和公共意义。换言之，面对经济市场化、政治民主化、价值多元化、人的全面发展等种种挑战，迫切需要建构现代公民公共精神。

上述现象在乡村社会尤其明显。除了市场化大潮给乡村经济社会结构带来的巨大变化和影响，比如市场各种资源要素在城乡之间的大规模流动，城市文明或市场契约文化的渗入，尤其是往返于城乡之间的农民工群体的存在，他们对当今乡村公共生活和公共伦理文化带来的质的影响更为巨大。直到今天，传统的公共伦理文化处于裂变期，但新的城市文明又不能扎根于乡村社会的公共伦理文化当中。而且更为进退失据的情况是，农民工群体本身属于体制制造出来的社会身份群体，[①] 由于这一群体并未完全融入城市生活而又与乡村生活呈半脱离状态，其所形成的文化也是一种并未完全融入现代城市文化的亚文化。这种亚文化不具有独立的文化特性，但其在城乡间的反复流动与传播，加之现代乡村社会在城镇化发展下呈现不断开放的状态，使得乡村公共伦理受到更大的冲击。概言之，乡村社会的结构、经济、文化的变化与发展，影响着乡村公共伦理文化的转型，政治因素、经济因素、文化因素都在其中发挥作用，是内在文化态度倾向和外在价值约束双重作用的结果。

---

① 周庆智：《中国基层社会自治》，中国社会科学出版社 2017 年版，第 125 页。

那么，如果从当代乡村公共伦理文化的流变中探寻农村公共生活的意义，或者说，找寻乡村社会共同体的公共伦理意义，后者的传统或现在的规范来源和价值基础是什么，外部影响因素对变动不居的乡村公共生活和公共伦理文化究竟带来了怎样的变化，这种变化对重构乡村公共伦理文化体系又究竟意味着什么。

毫无疑问，上述问题和现象的出现恰恰正是由于市场经济使中国社会重新获得了公共空间，并且这个公共空间还在不断扩大。从社会组织形式、社会联系方式、社会与国家的关系上看，目前已经从单位社会进入公共社会，这才是问题产生的根源，此其一。这个公共空间由多个共同体组成，但又不能成为一个公共共同体，个体的生活和国家基本制度关联性不大，因为其具体需要和国家制度的关联较小，其实际权益的保护和界定主要也不是来自国家，而是来自身边的具体关系，即人们依靠社会初级团体或地方体生活，依靠这些组织保护自己，处理大部分事务，这意味着，人们的现实权益界定及安全保障的实现，主要来自家庭、宗族、村社、乡友、村社共同体，而不是国家公共制度。除了文化同一性的共享，国家各地的民众并不共享统一的法律地位或同一的法律权益。[①] 这是上述

[①] 张静：《社会整合纽带比较：文化与政治》，《二十一世纪》第140期，2013年12月号。

问题产生的结果。此其二。

概言之：第一，价值无序不是因为单位社会的瓦解，也不是因为市场化带来的"资本逻辑"碾碎了传统集体主义信仰，[①] 而是由于外在的国家意识形态与个体生活世界的分离，以及单位制的集体主义价值不在，个体似乎无一例外地被市场经济的世俗化带来的物欲主义/消费主义所俘获。第二，公共组织（政府）与个体的关系并没有建立在社会价值共享、利益共享的基础上，这导致不能建构新的公共性社会关系，公共空间几成无人区，社会自治组织还不能填补这个空间，更重要的是，政府除了延续传统的治理社会方式也没有作为。上述两个方面可以归结于一个问题，即新的公民意识和公共精神的重塑，有赖于公共组织（政府）与个体关系如何建立在（文化）历史文化联系和（政治）现实权益联系上。

[①] 王立胜、王清涛：《资本逻辑的兴起与当代中国的价值重建》，《文化纵横》2016年10月刊。

二 社会转型与社会组织结构变化

在这一部分，我们将把监利公共精神的主体群像放置于改革开放 40 年发生的社会转型与社会变迁的大背景下，来对监利政府治理体制的变革做出进一步的阐述，目的是找到公共体制或公共组织（政府）的制度正义的基础性原因是什么。或者说，我们将更深入地阐述监利公共组织（政府）与个体民众之间建立现实权益关联的社会治理结构条件是什么。

（一）社会转型

社会转型过程就是公共性社会关系性质改变的过程。公共性社会关系是指公共领域中个体与公共体制之间的社会关系。换言之，所谓公共性社会关系是指社会成员体系的组织方式和联结关系，它是个体与公共组织（政府）之间发生联系的基本形式，它的本质特征是公共规则/规范的性质规定和社会成员之间的权利关系或契约关系。公共性社会关系在传统和现代都存在，但两者的根本性区别是在关系性质上，比如，传统的公共性社会关系建立在权力支配原则上，现代的公共性社会关系建立在个人权利与社会权利的法律保障上。公共性社会关系的组织特征就是社会组织化结构形式——社会组织形式和社会联系方式，比如，改革开放前，是单位体制的社会组织化结构形式，在单位体制当中，社会被置于政府管控之下，其秩序的形成和维护是政府通过"行政单位"（城市是单位制，农村是人民公社体制）来实现，亦即承担基层治理责任的组织主要不是政府，而是遍布于社会的"组织"——企业事业单位，由此发展出政府的"间接治理"角色以及对单位不对个人的工作方式。① 改革开放后，市场机制的引入，推动了社会分工和利益群体多元化，越来越多的人离开了单位体制，进入公共社会的利益组织化架构当中，社会组织化结构形式发生了变化，新的社会组织和市场组织成为社会的基本组织形式，它对传统政府治理的意义或对个体与公共体制关系的意义就在于"在社会成员中确立公民（身份）、公共关系（公民之关联、公民与公共组织之关

---

① 张静：《社会治理为何失效？》，《复旦政治学评论》2016年第16辑。

联）以及公共规则，是公共政权建设的重要任务"①。在上述意义上，公共性社会关系性质发生的变化涉及治理主体、公共关系、公共规则和公共权威角色在基层社会的存在基础等方面，正因为如此，这种变化既是中国基层治理改革和转型的背景、动力，也是中国基层治理实现转型的社会结构性基础条件。

（二）社会组织结构变化

改革开放后，社会巨变和社会结构转型，势必影响到基层政府治理的公共性基础、社会治理的主体结构、市场治理的自治需求。因为，传统的治理模式，失去了社会基础，已经完全不能适应新的社会发展条件。从监利经验看，部分地证明了如下一点：不断扩大的相对独立于国家的私人领域（以市场为核心的经济领域）和公共领域（社会文化生活领域），公众对"法律规范"和"社会规范"的需求日益凸显（见表1），开始主张自身存在的权利和要求自己的组织形式。进一步讲，经济社会基础发生了重大变化，社会关系领域必然也会发生变化，并最终体现为基层社会治理结构体系的变化。

---

① 张静：《现代公共规则与乡村社会》，上海书店出版社2006年版，第5页。

表 1　　　　　　　关于社会善治的监利问卷调查结果

		第一选择		第二选择		总体情况	
		频率	有效百分比（%）	频率	有效百分比（%）	总频率	百分比（%）
有效	①法律规范	286	58.7	88	18.2	374	38.52
	②社会规范	149	30.6	148	30.6	297	30.59
	③习俗惯例	11	2.3	62	12.8	73	7.52
	④村规民约	24	4.9	113	23.3	137	14.11
	⑤传统规范	17	3.5	73	15.1	90	9.27
	合计	487	100.0	484	100.0	971	100.00

数据来源：中国社会科学院政治学研究所"地方政府治理现代化"创新项目组于2018年3月对湖北监利的调查问卷。

第一，传统治理的变革。计划体制下，基层治理是全能主义（totalism），即"政治机构的权力可以随时地无限制地侵入和控制社会每一个阶层和每一个领域的指导思想"[①]，因此，国家中心体制渗透社会生活的所有方面，对于民众的福利、教育、卫生和生计承担巨大责任，[②] 国家与社会一体化。改革开放以后，基层政府的治理目标是追求自身政治利益最大化而非公共利益最大化，[③] 其治理结构和治理方式是一元化权威

[①] 邹谠：《二十世纪中国政治——从宏观历史与微观层面看》，牛津大学出版社（香港）2000年版，第206—224页。

[②] Carl J. Fredrich (ed.), *Totalitarianism*, University Library Edition, 1964, p.52.

[③] 赵树凯：《乡镇治理与政府制度化》，商务印书馆2010年版，第8—12页。

自上而下的资源汲取和社会控制及动员。不仅如此，市场化改革增强了政府的财政能力和经济权力，反倒强化了政府对基层社会的控制能力，使其政治与行政管控职能得到了进一步的加强和强化。① 也就是说，从过去的全能主义治理到现在的权威主义治理，差别不在本质上，而在治理基础和治理条件的变化上。全能主义的有效性建立在国家与社会一体化的体制上，比如政社合一体制，计划经济体制、全面控制社会，是集权社会的治理形态。在市场化改革导致的社会结构分化和社会多元化条件下，权威主义的有效性依靠的是党政权力掌控巨大资源和社会控制能力，有限控制社会，是权威社会的治理形态。这种治理体制可称为"反应性理政"，其特点是"执政模式不固定，根据社会变迁做出反应，在稳固执政权的考量下，不断适应社会的需要调整自身。当社会变动，比如社会结构发生变化或者社会价值观发生变化的时候，根据新的需要进行适应性的调整，改变自己和其他社会成分的关系"②。本质上，全能主义治理形态与权威主义治理形态都追求党政一元化权力的核心地位和社会管控治理能力。因此，在民主和多元的制度环境下，权威治理

---

① V. Shue, *The Reach of the State: Sketches of the Chinese Body Politics*, Stanford: Stanford University Press, 1988, pp. 123 – 154.

② 张静：《中国治理尚无"模式"可言》，2014 年 11 月 3 日，FT中文网（http://www.ftchinese.com/story/1001058909）。

（全能主义的或权威主义的）必须完成一种面向公共组织的性质转变，使自己成为提供公共产品、管理公共财务，为公共社会服务的组织。这样一个角色及其与公民制度化关系代表的公共性（公民）权利原则，是基层社会治理转型所包含的社会自治秩序含义。

第二，社会治理的结构变化。市场化改革带来了有利于社会发育的元素：新兴社会阶层的出现、市场化媒体、法制的形式化完备，以及互联网空间的扩大，基层社会有了自治空间、自治能力和自治的社会基础和条件。社会自治是基层治理的现代形态，与"行政权支配社会"的传统治理形态不同，现代社会是一个利益和价值多元化的社会，权威的社会来源不同，治理的结构形态也不同，此其一。利益组织化是社会变迁必然面对的问题，并且这个问题与社会秩序直接相关，资源与权力的分配，需要制度整合和社会整合。社会自治就是一种结社生活，由自由结社形成的社会中介组织，可以有效地解决纷争，促进社会内聚、共识及合作的发展，增强制度公平吸纳外部社会力量的能力，实现社会利益组织化。此其二。概言之，社会形成独立的、自治的结构性领域，在于社会治理一定是社会组织参与形成的多元自治秩序，因为，社会自治由社会组织自行提供规则，通过自主选择、自主组织和集体行动来治理公共事务。反过来说，社会自治不依赖政府提供资源和规则，政府对私人部门的管理能力较弱，缺少必要的干预手段。也就是说，在政府与市场之外，公共事务还存在一种社会自治的制度安排。尽管上述变化是有限的，但社会力量毕竟有了成长的自主空间和条件。

第三，市场治理的秩序建构。市场交易秩序基于自由合意产生契约关系，行业协会、商会等组织形式成为市场治理的主体，是市场秩序不可或缺的组成部分。一方面，交换关系使合约即法律的规范不断完善起来；另一方面，（个人的、共同体的）自治权利意识成为社会秩序得以维持的原则和精神。概言之，社会自治与市场自组织发展密不可分，市场经济乃是社会自治的必要条件。市场化改革改变了社会结构形态，从开始的个体经济行动者到后来的公司、企业，在基层，新的社会力量不断壮大，社会多元化、利益多元化、价值多元化，给原有的社会组织形式和社会治理方式带来改变的契机和压力：一方面，是这些体制外的社会力量如何被体制内吸纳；另一方面，是财产权、政治权利和社会权利如何得到制度化保障。因此，市场领域的社会自治成为基层社会治理新秩序形成的一个基础和必要条件。

上述三个领域的变化，实质上表明的是公共体制与社会之间的政治联系和价值关联方面的变化，亦即支撑公共精神的两个基础性原则——政治与文化的关联性原则——需要做出调整或改革，这样的变化为重构新的现代公共精神进入公共领域的利益共享与价值共享创造了条件。

三 政府治理转型与服务型政府建设

在这一部分，我们将从政府治理转型方面来考察和分析公共组织（政府）与个体之间关系的变化，这是为了进一步明确两者的现实关系究竟确立在什么样的政治权益关联和文化价值关联上，以及如何型构了基于利益共享与价值共享的现代公共精神。

（一）政府治理转型

与传统社会治理结构不同，在过去，国家（政府）是通过"直接代理组织"（"行政单位"）与个体民众建立联系，现在的基层社会治理结构缺失了这样一个"中介结构"，是一个国家（政府）直接面对个体民众的官—民（所谓"干群"）治理结构关系。比如在农村，基层社会组织形式重构的秩序特征主要体现在两个方面：一方面，在国家正式权力的运作过程中，引入了基层社会规则或地方性知识，展现了国家与农民关系的实践形态。[①] 另一方面，国家权力将村民自治组织作为控制和影响基层社会秩序的新的组织形式，这是国家权力对基层社会进行的重新"行政化"即官治化，后者成为乡镇基层政权对基层社会控制和动员的组织形式。在对监利的问卷调查中，可以观察到在基层社会治理过程中，依法行政和基层自治（党）组织的作用发挥最为重要，其次是传统文化和道德也在发挥一定的功能（见表2）。概言之，改革开放以后，国家权力对基层社会改变了过去的控制和动员方式，在秩序规范上从由国家力量构建起来的基层社会秩序结构转变为以国家的规范性权力为主与以乡村社会的（基层群众自治组织）非规范性权力以及基层社会规范（比如习俗、惯例等地方性知识）为辅的秩序形态和组织形式。

为将异质的、多元的社会（非组织化的个体）纳入体制和秩序的范围，一直以来中国基层政府通过制度变革来改变自己与其他社会成分的治理关系，以适应变化了的社会结构和治理环境。

[①] 孙立平：《软硬兼施：正式权力非正式运作的过程分析》，载《清华社会学评论》，鹭江出版社2000年版。

表2　　　　　当前基层社会治理发挥作用的组织和影响因素分析

		第一选择		第二选择		总体情况	
		频率	有效百分比（%）	频率	有效百分比（%）	总频率	百分比（%）
有效	①传统文化和传统道德	154	32.0	30	6.3	184	19.17
	②当地的能人或有威望的人	63	13.1	40	8.4	103	10.73
	③政府的宣传教育	71	14.7	90	18.8	161	16.77
	④政府依法办事	82	17.0	130	27.2	212	22.08
	⑤村委会、居委会、党组织	105	21.8	143	29.9	248	25.83
	⑥群众社会组织	7	1.5	45	9.4	52	5.42
	合计	482	100.0	478	100.0	960	100.00

数据来源：中国社会科学院政治学研究所"地方政府治理现代化"创新项目组于2018年3月对湖北监利的调查问卷。

第一，政府管理导向的改革。包括：（1）结构性改革。确立政府依法行政并提高政府机关的效率，比如，加强基层管理，成立专门的机构解决专门的问题，推行政务公开，建设透明政府，简化审批减少管制，提高效率。（2）功能性改革。建设服务型政府，改善公共服务体制。比如，强化公共服务，完善公共教育、医疗、社保、就业等方面的服务，扩大社会保障的范围，促进社会的公平正义，推动和谐社会建设，同时强化政府的应急处理能力。（3）程序性改革。规范执法行为；实行简政放权、政务信息公开；推进协商民主，完善社会协商机制以化解社会矛盾。比如，拓宽监督公共权力的渠道，加强对政府权力的有效监督，扩大公民有序参与的渠道，推进人民民主的发展等。

第二，政府服务导向的改革。在关系民众日常生活的民政、公安、户籍、工商、税务等领域积极开展有效的便民服务。政府也投入大量经费，用于乡村道路、医疗卫生站、公共电视网等公共设施的改进，并大力推进村容村貌整治、文化下乡、特色小镇建设等工程。同时，实施扶贫政策，建立社会救助制度维护社会弱势群体的权益。

第三，完善民间组织管理体制的改革。比如，让利益相关者共同参与，保证公共选择的有效性，增强政府与民间的互动性，将政府机制和社会机制有效地结合起来，实现社会各方共管共治等。

上述改革举措都不同程度地取得了成效，这在我们对监利的调查问卷上也体现得非常明显，比如，对于政治职能转变感知中的依法行政维度，被调查者的认知主要反映在三个方面，分别是"对群众进行法律宣传教育""依法提供社保、医疗等公共服务"和"推行政务、财务公开"，其中，总体认知形成共识性的内容则主要集中于"对群众进行法律宣传教育"和"依法提供社保、医疗等公共服务"两个方面（见表3）。

表3　　　　　政府依法行政在公共事务领域中的体现

		第一选择		第二选择		总体情况	
		频率	有效百分比（%）	频率	有效百分比（%）	总频率	百分比（%）
有效	①对群众进行法律宣传教育	248	50.4	42	8.7	290	29.74
	②在社区（村）设立了法律顾问	51	10.4	76	15.7	127	13.03
	③依法提供社保、医疗等公共服务	127	25.8	165	34.0	292	29.95
	④依法处理征地拆迁等问题	23	4.7	66	13.6	89	9.13
	⑤推行政务、财务公开	42	8.5	135	27.8	177	18.15
	合计	491	100.0	484	100.0	975	100.00

数据来源：中国社会科学院政治学研究所"地方政府治理现代化"创新项目组于2018年3月对湖北监利的调查问卷。

（二）服务型政府建设

从上述政府制度改革的维度上看，我们看到监利政府服务导向的改革重点在民生领域，采取了一些积极的政策举措，大力加强公共产品供给和公共服务。

第一，惠民成绩显著。一是社会救助精准规范，标准提高。2015年，累计支出社会救助资金1.77亿元，比"十一五"末净增1亿元。二是社会福利事业快速发展。2013年初建立了高龄补贴制度；投资4000万元新建了县社会福利中心；投资1200万元对乡镇场福利院进行改造；共建养老机构28个、养老床位2850张、千名老人拥有床位数15张；共建成城镇社区居家养老中心和农村老年人互助照料中心110个。三是双拥工作受到中央表彰。"十二五"期间，监利县两度荣获全省双拥模范县称号，荣膺"全国双拥模范县"称号。2011—2015年，累计发放抚恤资金2.76亿元，义务兵家庭优待金4553万元，退役士兵安置补助2203万元。投入566万元完成了947座零散烈士墓的迁移、修缮和保护工作，投入4000多万元完成了柳直荀烈士纪念园等6处纪念设施的维修与改造。四是社会事务管理水平明显提高。投资4200万元的容城殡仪馆扩建工程高标准完工，在"东方之星"善后处置过程中发挥了重要作用。撤县设市工作取得重大进展，完成了材料申报和部、省专家考核。地名普查工作按时间节点有序推进，发放移民后扶直补资金678.9万元，实施后扶项目70个，投入项目资金1181万元。完成了村级规模调整工作，行政村从768个调整为637个。争取城乡社区服务建设项目51个，直补资金795万元。五是精准扶贫向纵深发展。2011—2015年，共投入扶贫资金20248万元，其中上级扶贫资金3164万元，自筹资金17084万元，建设各类扶贫项目247个，贫困乡镇、老区乡镇综合经济实力普遍增强，全县共有0.95万户、2.46万人脱贫。①

第二，完善社会保障。一是就业富民。出台《关于推进大众创业万众创新工作的若干意见》《关于推进大众创业万众创新三年行动计划》，制定《监利县创业创新工作2015年—2016年目标任务分解表》、表彰创业创新之星、举办首届"金状元杯"创业创新大赛，完成了全县外出务工（创业）人员48.76万人数据库，创立了"监利面点师""监利玻铝商"两个省级劳务品牌。五年来，新增城镇就业人员5.1万人，下岗失业人员再就业1.65万人，困难群体再就业7500人，城镇登记失业率控制在4.2%以内。发放创业担保贷款1.45亿元，失业保险金271.69万元，援企稳岗企业补贴388.51万元，社保补贴27269人3770万元，公益性岗位2519个补贴3219万元。二是社保惠民。全县社保参保人数达到105.9万人次，社保基金征收58.32亿元，发放社会保险费61.36亿元，累计结余11.01亿元。企业退休人员养老金提高到1708元，比"十一五"期末增加809元。城乡居民基础养老金由55元/月调到70元/月，失业保险金由503元/月增至770元/月，最低工资标准由900元/月调至1100元/月。被征地农民社保由"十一五"期末的200元提高到513.46元。城镇职工医保和城镇居民住院最高支付

---

① 资料来源：监利县民政局，2016年。

限额达到30万元和8万元，大病保险封顶线达到45万元和16万元。工伤保险一次性死亡补助金达到62万元。全县近万名残疾人得到康复和救助，其中160多名"0—6岁"脑瘫儿童、聋儿得到康复治疗，85位免费安装了假肢，免费实施白内障手术2000例，精神病免费服药800人，重度精神病住院补助75人，免费发放辅助器具1900多件。三是人才利民。建立并履行公务员招录、调转、考核表彰等各项管理制度，对1782名年度考评获优秀等次的公务员予以嘉奖，推进公务员职级并行工作。事业单位改革不断深化，坚持"凡进必考"，共招聘1189人。四是维权安民。加强劳动争议调解仲裁工作，处理各类争议案件185件，涉案金额570万元。征收农民工工资支付保证金4300万元，受理投诉举报案件678起，涉及劳动者7.6万人，追回拖欠工资45800万元。[①]

第三，促进经济繁荣。一是社会消费品零售总额2015年达到131.77亿元，总量全市第三，2011—2015年年均增长15%，总额翻了一番。二是外贸进出口总量不断跃升。2011—2015年，进出口总额22095万美元，年均增长36.5%；为外贸企业争取国家、省级项目资金982.2万元；引进外资344万美元，成立中外合资企业3家；外贸备案登记企业45家，有进出口实

---

① 资料来源：监利县民政局，2016年。

绩的企业12家，出口500万美元的企业6家，超1000万美元的4家。三是商贸服务业不断拓展。抓住国家"扩内需、重民生"出台优惠政策的机遇，扩市场促消费。2011—2015年，销售家电下乡产品15.3万台（件），销售总额3.65亿元，发放补贴资金4067万元；家电以旧换新产品5600多万元，补贴资金474万元。争取农贸市场改造项目资金100万元；建设农资农家店480家，配送中心1家，争取国家、省财政补贴150万元，"十二五"期间，经省商务厅批准，建设加油站15座，取缔违规建设加油站11座，处罚违规经营成品油者131人次。加强酒业管理，组织监利粮酒、伍子胥酒业、程集粮液、久香酒业、楚池酒业等参加国家、省、市组织的展销节会，提高了监利酒产品的知名度。四是电子商务突飞猛进。2015年，监利县被确定为电子商务进农村省级综合示范县，全县有电子商务企业83家，网店1153家，县级电子商务运营中心6家，村级电子商务站138家，物流快递企业43家。建立了"监利县电子商务创业园"，同步建设了县级营运中心，公共服务中心、培训中心、农特产品展销中心、孵化中心及农产品检测中心，初步形成了"一园六中心"的电子商务服务格局。2015年，全县电子商务成交总额达到7亿元。五是粮食收购储备政策落实力度大。2012—2015年，全县纳入统计的各类粮食企业累计收购粮食 28.53 亿公斤，其中政策性粮食 4.55 亿公斤，超额完成市粮食局下达的指导性计划。建设"放心粮油"市场体系，已建成 32 家"放心粮油"连锁店。争取仓库维修资金 800 万元，对 8 大粮库进行改造升级。向省争取农户科学储粮"丰产仓"3700 套。中储粮共收购中晚稻 72 万吨，油菜籽 13.8 万吨，加工储存临储油 6.2 万吨，完成新建油罐 1 万吨，4 万吨储备仓项目正常开工。"十二五"期间，成品油销售每年以 2500 吨的数额增长，2015 年达到 5 万吨。六是县供销社加快推进"三社"建设，恢复重建基层供销合作社 6 家；对已建 320 家村级服务社提档升级，组建"金云合电子商务有限公司"，开通网上便民服务平台；领办农民专业合作社 22 家，创全国示范社 3 家，省级示范社 4 家，市级 3 家。[①]

第四，推动文化、旅游发展。一是公共惠民水平快速提升。乡镇综合文化站工程、农家书屋工程、文化信息共享工程、农村广播"村村响"工程全部完成，做到了全覆盖。积极推进农村生态文化广场建设、县文化中心建设。公共文化供给强力提升，全县 21 个乡镇文化站"三室一厅"软硬件建设均达到国家标准，向社会免费开放。争创"中国书法之乡"工作全面展开，各类文艺演出丰富多彩。二是文艺精品创作

---

① 资料来源：监利县民政局，2016 年。

上新台阶。大型音乐舞蹈《稻乡飞歌》在湖北省第五届楚天群星奖评选中获舞蹈类群星作品奖；《落叶田甜》获全省第二届"文化力量、民间精彩"广场舞大赛第一名；舞蹈《戏蚌》获第三届湖北舞蹈"金凤奖"比赛三等奖等。三是传承保护文化遗产。国家级非物质文化遗产《啰啰咚》2011年入选"我最喜爱的湖北名歌100首"，在11个乡镇挂牌成立了《啰啰咚》练习所。集中展示监利县"非遗"保护成果的《监利遗珠》出版发行。完成了监利县第一次可移动文物普查数据登录工作。四是旅游项目建设加快。周老嘴红色旅游景区和上车湾祖师庙景区先后建设成国家3A级景区，汴河王垸村通过"湖北旅游名村"创建验收。程集古镇保护、周老嘴创4A景区工作全面展开。建成"农家乐"项目91家。五是强化文化、新闻出版市场管理。开展了党政机关事业单位软件正版化工作，平均每年出动900人次，对全县120多家网吧、游戏室、40多家歌舞娱乐场所、520家音像租售店、45家图书店摊进行专项整治，净化市场。①

监利县政府上述各种举措取得了明显的社会效益，民众的获得感明显增强，比如，在政府对公共服务的财政投入方向上，多数居民认为应重点关注四个方面：社会治安，养老服务，社会保障，医疗服务。其中，

---

① 资料来源：监利县民政局，2016年。

社会保障和医疗服务应是政府财政投入的重中之重（见表4）。政府加大民生投入，从而促进了民众对公共事务的参与热情，这在一定程度上表明政府与民众之间的现实权益关联得到了加强和强化。

表4　　　　　　　　政府财政投入方向测量

		第一选择		第二选择		第三选择		总体情况	
		频率	有效百分比（%）	频率	有效百分比（%）	频率	有效百分比（%）	总频率	百分比（%）
有效	①社会治安	162	33.1	38	7.9	24	5.0	224	15.40
	②文化体育服务	86	17.6	38	7.9	15	3.1	139	9.55
	③养老服务	57	11.7	113	23.3	61	12.7	231	15.88
	④法律服务	18	3.7	30	6.2	41	8.5	89	6.12
	⑤就业服务	30	6.1	81	16.7	40	8.3	151	10.38
	⑥社会保障	90	18.4	78	16.1	79	16.4	247	16.98
	⑦农业科技	19	3.9	21	4.3	77	16.0	117	8.04
	⑧医疗服务	27	5.5	85	17.6	145	30.1	257	17.66
	合计	489	100.0	484	100.0	482	100.0	1455	100.00

数据来源：中国社会科学院政治学研究所"地方政府治理现代化"创新项目组于2018年3月对湖北监利的调查问卷。

四 公共组织(政府)与个体的权益关联和价值关联

建构公共组织（政府）与个体民众之间的现实权益关联和价值关联——这是公共精神形成的核心，其中政府能力建设问题是一个基本问题。也就是说，政府的社会资源整合能力和社会动员能力，是现代公共精神形成的基础性条件。就政府能力而言，它的一般含义是指"政府适应和处理环境挑战的能力，具体包括维护国家秩序和国家基本制度的能力，贯彻公共政策的能力，政策创新能力，社会动员能力和处理危机的能力"[①]。换言之，现代政府能力在构成上包括：经济管理能力、政治和社会管理能力、行政组织管理能力、公共危机管理能力。[②] 这四个维度的政府能力乃是

---

① 初尊贤主编：《政治学原理》，中国政法大学出版社1997年版，第312页。

② 张国庆主编：《公共行政学》，北京大学出版社2007年版，第505—511页。

公共领域或公共精神形成的基本构成条件。

政府具备的现代治理能力，一方面是经济和社会发展的关键，但更重要的一个方面，它是政府与个体民众建立一种现实权益关联和价值关联的前提条件。从社会这方面看，现代政府能力就是政府通过制定和执行高质量的公共政策，最大限度动员和整合各种社会资源，有效促进集体行动、为社会和公众提供公共服务、维护社会公正和秩序，从而促进经济社会发展的能力。

监利县在2015年6月1日"东方之星"客轮翻沉事件中，全县总动员形成合力，干部和群众积极参与，在事故救援的善后保障中提供及时、全面的服务，集中体现了监利县委和政府的高效指挥、协调应变、整合社会资源的组织与动员能力，展现了监利大义、监利大爱、监利责任和监利精神。

事实上，政府公共行政的基本功能在于实现对社会资源的优化整合，一方面，它要实现对自身体系的优化整合，这涉及政府能力建设问题；另一方面，通过自身的优化整合而实现对整个社会的有效整合，这涉及政府的公共性和公信力问题。统治行政和管理行政基本上都是通过控制的方式来整合社会的，但公共行政完全可以拥有另一种自身整合以及整合社会的方式，那就是以合作建立行政机构、行政人员与社会各种机构、人士的关系结构，以信任建立起合作者之间的牢固互动结构。

下面我们通过对监利政府在"6·01"事件中的行政行为，来分析它的政府能力及其体现的行政伦理，并来阐述社会公共生活中公共精神形成的公共组织作用。

（一）政府能力建设

"6·01"事件体现了监利政府在公共危机管理过程中所具备的现代政府能力。这种能力主要来源于近些年来监利政府不断加强自身能力建设的各种有力改革举措。

第一，简政放权深化行政审批制度改革。一是大规模清理行政审批事项。自2009年以来四次对行政审批事项进行取消、合并、下放、调整，最终拟定监利县继续保留行政审批事项158项，减少71%（其中保留行政许可77项、保留非行政许可34项、保留备案47项，分别减少71%、82%、67%）。在保留的158项审批事项中，涉及民生类项目131项（其中行政许可65项、非行政许可26项、备案40项）。二是"三证合一、一照一码"商事制度改革。将原营业执照、组织机构代码、国税（地税）税务登记证合为一证。

经企业一次申请，通过"一窗受理、互联互通、信息共享"模式，工商行政管理部门核发一个加载法人和其他组织统一社会信用代码的营业执照，优化审批流程，创新服务方式，提高登记效率，方便企业准入。三是推动不动产登记改革。一是新组建不动产登记中心办公场所。二是协助制定不动产登记中心事项办理流程，形成了"一窗受理、联合踏勘、并联审批、限时办结"的统一登记模式。

第二，标准化建设取得成效。政务服务标准化建设取得突破。依据《服务业组织标准化工作指南》，共构建标准体系503个，其中包括服务通用基础标准体系56个，服务保障标准体系83个，服务提供标准体系364个，基本满足政务服务管理需求，为企业和群众提供了周到的服务，促进了政务服务中心规范化运行、精细化管理、优质化服务，实现了服务质量目标化、服务方法规范化、服务过程程序化。

第三，积极实施政务创新工程。一是一张收费明白卡管全年。将企业前三年所有收费数据摸底，分类取平均值统计后，会同各收费部门协商确认收费项目和标准，填入"收费明白卡"，企业按照"收费明白卡"向相关部门缴费。有效遏制了自由裁量权和不作为、乱作为现象的发生。二是一块红色警示牌保安宁。对62家规模以上工业企业、1家大型商贸企业授予优化经济环境警示牌，实行挂牌保护。每月1—25日为企业生产安宁日，安宁日期间除涉及环境保护、安全生产、重大违法案件查处外，任何部门不得进入企业执法检查和收费，相关部门开展涉企执法检查前，必须开具《经济检查通知书》，注明检查内容、依据和人员，检查结束后将结果报县优经办备案。三是一本绿色通行证促畅通。对在全县范围内达到一定投资额度或已建成投产的外来投资工业项目的41名外来投资商颁予《绿色通行证》。四是"一揽子"帮办服务助提速。对工业项目、重大基础设施建设及公益性项目，纳入"一揽子"帮办服务范畴。受理后的项目逐步推行"业主委托、窗口代办、抄告相关、内部流转、网上运行、限时办结"，全部纳入并联审批，实行"一窗式受理、一表式收费、一条龙办结"，确保审批增速提效。五是一次群众评议除"梗阻"。通过面向社会公示被评议科（所、站）长信息、公开征集"中梗阻"问题线索、在《荆州日报·监利新闻》上登载62名被评议科（所、站）长人员信息、工作职责和公开承诺，并开辟"破除中梗阻、服务提效能"专栏、组织开展"我是监利名片、我为发展奉献"主题演讲比赛活动等，树立正面典型，纠正遏制"梗阻"现象。

第四，三级联动着力健全政务服务体系。目前已建成县、乡（镇）、村三级行政服务网络体系。一是狠抓县级政务服务平台建设。政务服务中心现入驻部门30家、与投资报建密切相关的中介机构2个和邮政储蓄银行1个，入驻窗口工作人员121人，涵盖151项行政许可、非行政许可和备案项目。二是规范管理设立分中心。受场地限制，另设立运管、交警、人社3个分中心。按照《监利县行政服务中心窗口及工作人员考核管理细则》，统一管理，逐项考核，考核结果纳入年终考核目标管理。三是狠抓基层代办服务。23个乡镇场建立便民服务中心，778个行政村均建立便民服务室，把各部门职能延伸服务下移到基层，在全程代办制的基础上增加了农业指导、城乡环境监管、劳动保障服务和治安环境治理等惠及民生的内容，促进乡镇窗口工作人员服务理念的转变和窗口服务质量的不断提高。四是加强三级政务服务体系建设和管理，实现乡镇便民服务中心统一标准，做到"五个一致"，即机构名称一致、机构标识一致、办事流程一致、收费标准一致、绩效考核一致。便民服务中心有办事柜台、有办公桌椅、有电脑设备、有宽带网络、有档案柜、有背景墙、有业务吊牌、有便民设施、有管理制度。服务大厅设置统一审批服务窗口，包括劳动保障、民政、卫计、农业、林业、企业服务、土地管理、镇村建设、食药等。并从日常考勤、服务态度、服务效能上建立操作性强的考核办法，按满意、基本满意、不满意划分三个等次进行考评，考评结果公开并接受群众监督。

通过一系列制度改革举措，监利公共体制与其他社会成分建立了密切相关的现实权益联系和价值联系，监利县政府能力大大强化和提升，并且在公共危机中得到了检验和考验。

（二）行政伦理与公共精神

行政伦理或行政道德是以"责、权、利"的统一为基础，以协调个人、组织与社会的关系为核心的行政行为准则和规范系统。行政伦理是行政管理领域中的角色伦理，是针对行政行为和政治活动的社会化角色的伦理原则和规范。行政伦理是服务型政府构建、政府职能转型的构成部分，对于公共管理的开展，对于逐步实现制定和执行政策的合法化和规划化，具有举足轻重的作用。行政伦理有助于政府转型，由"管理型政府"转向"服务型政府"，逐步达到善治的要求，即"合法、法治、透明、回应、负责"，实现公民与政府"权、责、利"的有效补充和配合，从而促进公民与国家的和谐，促进政治文明、经济文明。行政伦理的实质意义在于政府公共性和公信力建构，后者是现代社会生活公共精神形成的基础性条件。

具体讲，行政伦理所要求的行为规范渗透在政府组织的公共管理、公共行政与政府行为的方方面面，体现在诸如行政体制、领导行为、决策行为、监督行为、选择行为等领域，直至政治体制、行政体制与政府机构、公共机构的改革之中。

在"6·01"事件中，监利政府的行政伦理规范经受住了考验。归纳起来，大致包括如下方面。

1. 关键决策与高效指挥协调能力

关键决策以及高效组织与协调应变能力，是政府与社会互动、调动和发挥社会力量的作用所必须具备的能力。

（1）最优化的关键决策能力。监利县政府在危机处理中具备高效决策与应急指挥能力。在总指挥和应急预案部署之下，各条线的相关部门建立健全工作机制，明确责任分工、精心部署和协同高效、迅速落实。"6·01"事件发生后，监利县政府第一时间组织安监、公安、海事、交通、民政、卫生等部门赶赴现场展开事故救援及相关工作。同时成立了长江游轮侧翻事件处理工作指挥部，并组成搜救、善后、宣传、保卫、接待、事故协助调查六个工作专班，动员组织全县各单位工作人员全力以赴投入救援工作。

（2）预测和应急预案能力。监利县委政法委、公安、信访、工商等政府部门在对危机可能造成影响进行全面预测的基础上,最快制定了应急联动方案和预案,并且能够高效有序衔接,加强重点防控与全面防控相结合,排查各个乡镇的不稳定因素,统筹多方资源形成合力,实现了全县社会稳定大局。

（3）高度责任理念。这体现了政府坚持以人为本的理念,主动担责、敢于担当的精神。政府行为所体现出来的这种理念与精神,增强了民众对政府的信任,提升了政府的公信力。"6·01"事件后,在对监利的调查问卷中（见表5）,我们看到,对于社会公众的安全需求满足,第一梯队主要体现为"公正的执法和司

表5　　　　　　　　　　增强群众安全感的措施

		第一选择		第二选择		总体情况	
		频率	有效百分比（%）	频率	有效百分比（%）	总频率	百分比（%）
有效	①增加警力和加强巡逻	173	35.0	29	5.9	202	20.53
	②公正的执法和司法	178	36.0	83	16.9	261	26.52
	③加强交通整治以减少事故	70	14.2	111	22.6	181	18.39
	④迅速破案并严惩罪犯	20	4.0	64	13.0	84	8.54
	⑤加强公共场所（学校周边、市场、车站等）治安防控	53	10.7	203	41.3	256	26.02
	合计	494	100.0	490	100.0	984	100.00

数据来源：中国社会科学院政治学研究所"地方政府治理现代化"创新项目组于2018年3月对湖北监利的调查问卷。

法""增加警力和加强巡逻",第二梯队主要表现为"加强公共场所(学校周边、市场、车站等)治安防控"、"加强交通整治以减少事故",总体上集中关注"公正的执法和司法""加强公共场所(学校周边、市场、车站等)治安防控",而事后的案件侦破措施对于公民安全感的获得作用并不明显。总之,公众的信任对政府能够全面有力地动员社会资源与社会力量起到了重要作用。

2. 社会感应和判断与应变能力

政府对社会问题的感知、判断并及时做出回应与应变的能力,是现代政府在治理与公共危机管理中的又一重要能力。重大突发事件中的善后保障与服务是公共危机管理的一个重要组成部分,要求政府及时准确地感知社会的需求并做出正确的判断与应变。

在"6·01"事件中,监利县委和政府对遇难者家属的社会需求进行全面的分析、判断,不断调整优化决策,制定了紧急应对的善后安抚遇难者家属的对口接待方案,这是政府高效的应变能力的体现。特别是在遇难者家属的接待与服务保障工作方面,各部门迅速制定工作方案,不惜投入人力、物力、财力,全方位、全过程参与,高效有序地开展对口接待和善后安抚工作。有些部门还把乡镇的相应部门动员组织起来,积极参与善后服务保障。不同的部门还根据其工作职责和职能履行，为救援和善后提供相应的保障和服务。例如，司法局就提供了高效便捷的法律公证服务和法律援助服务。在接待过程中，各部门坚持以人为本的原则，充分尊重遇难者家属，不仅做到及时沟通、耐心做好对遇难者家属的心理疏导和情绪安抚，而且全面、全力提供优质的食宿、车辆等后勤服务。

在善后保障的应变能力方面，主要体现为不同部门之间的协调，满足不同遇难者家属的要求。一方面，在对口接待中，不同部门高效协调，包括与不同省市工作组的协调，及时调整接待决策与方案。所有公职人员以严于律己的工作作风，以高度的政治责任感来对待这项工作，遇到计划之外的情况，及时与上级沟通，使得政府整体掌握工作的主动性和主导权，提高了应急处置应变能力。另一方面，在政府部门接待力量不足时，及时有序地组织调动社会力量参与，解决遇难者家属的食宿、车辆等问题。如教育部门积极组织高考学生及家长参与善后服务，解决遇难者家属的住宿问题。监利中学和监利一中主动承担所有在考点学校考生的食宿费用，鼓励引导考生在考点学校集体食宿，缓解城区接待压力，保障沉船事故家属食宿顺利。这个过程中，因有高效组织的工作方案和计划，使得社会力量的服务充足而有序。

按照惯例，每年高考期间，监利县城大大小小的宾馆、酒店早已被考生家长预订。"东方之星"客船翻沉事件后，遇难者家属、各地解放军指战员、武警官兵、相关专家、潜水员、志愿者1.1万人入驻监利，大小酒店宾馆全部客满。

高考期间，6312名考生、1万多名家长将齐聚监利城区，人口高度聚集，考生交通、食宿趋紧。

面对突发情况，湖北省委书记李鸿忠临时召开省委常委会研究监利高考工作，并作出了"不延期、不异地、不出事"的指令。

6月3日，监利县分管教育的副县长游衮从救援一线撤回，组织参加了4个会议，并迅速形成决议：城区学校考生集中在本校食宿，乡镇高中学校考生集中安排到城区两所考点学校住宿。

6月4日，县委、县政府主持召开全县各乡镇党委书记、乡镇长和科局长会议，明确要求高考工作和救援善后"两手抓、两不误"。

同日，监利县电视、网站等媒体向全县发布了高考通告，要求各乡镇长全部进村入户，动员家长不要进城陪考。全县3000多名考生家长把预订的宾馆"高考房"腾了出来。

……

高考期间，全县362名老师与住宿考生同吃同住同生活。在全县考点食堂，96名教师义务帮厨。县政协主席羿卫国坐镇考区各考点，白天与考生同餐，晚上到寝室查寝。

各方努力实现了预期目标，全县3898名需要住宿的考生全部住进宿舍。前来灾难现场的遇难者家属也得到了妥善安置。①

3. 整合组织各类社会资源的能力

在现代社会公共生活中，政府对社会资源的组织与整合能力是至关重要的。因为现代社会是价值观念多元化的社会，是群体组合或利益集团高度分化和社会化的社会，所以更要求政府在行政治理中尽可能寻求社会的多方面支持，尤其是在公共危机管理中，政府组织社会资源的能力非常重要。

随着经济发展与社会结构转型以及随之而来的诸多环境变化，政府的基层社会工作不再单纯依赖传统的行政架构，而是更多地利用一些社会性的组织，更多地利用社会与市场的资源来进行治理。在对监利的调查问卷中，我们看到，在公民参与的认知与行为表现上（见表6），监利的调查情况显示总体得分较好，

---

① 《湖北监利：当大考遇上大难》，《中国教育报》2015年6月9日第1版。记者程墨，通讯员杨保华、廖智。

处于中等偏上水平。在重大事件中,政府动员社会组织和志愿者的参与,引导社会组织和志愿者等社会力量有序参与善后服务与保障等救援工作,这是政府与外部社会主体的协同治理。其中的关键是政府与社会关系的理顺,充分发挥两者各自的功能。

表6　　　　　　　　　　　公民参与水平

	个案数	最小值	最大值	平均值	标准差
当地政府的决策,离不开老百姓的参与	492	1.00	7.00	5.6931	1.64128
地方政府为公民的政治参与提供了多种有效的途径	491	1.00	7.00	5.2566	1.63487
有关政策讨论我会积极参加	490	1.00	7.00	5.4776	1.59899
我是基层群众自治的积极参与者	490	1.00	7.00	5.5061	1.55898
公民参与总分	489	1.00	7.00	5.4898	1.39558

数据来源:中国社会科学院政治学研究所"地方政府治理现代化"创新项目组于2018年3月对湖北监利的调查问卷。

在"6·01"事件中,政府各部门采取不同的方式招募志愿者参与提供服务。为了充分调动全县力量参与救援,政府通过电台、网络、短信等,及时向市民发布有关需求信息,引导市民参与服务。例如,通过监利人民广播电台倡议发起的"黄丝带"① 爱心志愿

---

① 黄丝带,是亲人离散后的求助标志,也是为亲人祈祷的祝福标识。

者行动，社会力量在短时间内凝聚起来，为与事故有关的各方人士提供免费交通服务。不同的部门通过招募志愿者发动社会力量，与群众自发的志愿服务行动及时对接起来，在有序的组织中，营造了关爱和谐的大环境，分别向乘客家属免费提供咨询、生活物品、食品、车辆等各种服务。

"喂，电台吗，我家里有私家车，我想去免费接送乘客家属，请你们帮我联系一下。"6月3日凌晨，一个普通电话，打到3276111群众热线。接到电话后，正在值班的电台负责人杨用富立即召集全体编播人员商量，在大灾难面前，电台如何发挥媒体作用，怎样让爱心车主和来监人员有效对接，解决一些实际问题。几分钟后，台里决定通过电台发起"黄丝带"爱心行动，临时更改播出计划，开通"我们与'东方之星'同在"直播节目，全天直播。设立爱心热线3276111，3个机位24小时轮班接听。与监利电台合作办公的荆州人民广播电台副总监陶岚迅速草拟了一条不足百字的倡议书，在直播节目中流动播出。十多分钟后，第一辆私家车就出现在江城路59号监利人民广播电台所在地，领取并系上黄丝带。

不到两个小时，陆陆续续来认领黄丝带的车

辆挤满了电台小院，排成的队伍超过 1 公里。有的是单独来的；有的是朋友、同事一起来的；还有的是父子、兄弟姐妹同时来的……短短几天里，私家车、出租车、大巴车等黄丝带爱心车辆发展到 3165 辆。有一对兄弟，为了奉献一份微薄之力，还特地于 6 月 4 日买了一辆新车，加入黄丝带的行列。

由个体老板朱峰组织发起的志愿者团体 50 多人，起名"爱心八队"，一天之内组织了 50 多辆车，系上黄丝带，专门负责在武汉、岳阳、潜江、荆州火车站口接送乘客家属。只要一有需求电话，不管到哪个站口，不管什么时间，不管天气如何，随时出发。……"爱心八队"在接送乘客家属途中，想乘客家属之所想，急乘客家属之所急，每辆车都预备了雨具、矿泉水、包子送给乘客家属，朱峰一个人就捐赠了价值 2 万多元的物资。

……

从 6 月 3 号上午 9：00 至 6 月 11 日晚，电台累计接听热线电话 1800 多个，发布问题线索 2600 多条，为乘客家属、志愿者和记者找回失落物品 67 件。黄丝带车辆累计从武汉、荆州、潜江、岳阳等动车或高铁站口接送乘客家属超过 1000 人次，城区接送乘客家属、外地工作人员、媒体记者及志愿者近10000人次，平均每辆车超过3人次。人们担心出行不便的难题没有出现，相反，在监利小城，在人员聚集的最高峰，打车、出行比任何时候都要方便快捷。①

同时，政府为组织、整合社会力量，提供重要途径和搭建平台。这种平台为能够提供志愿服务的社会力量和需要获得帮助与救援的群体搭建起桥梁和纽带，促使社会组织和志愿力量发挥其服务作用更有方向性、针对性、有效性。共青团、文明办等部门也为社会组织和志愿者队伍积极参与善后服务和保障提供了重要的组织和对接服务。例如，一米爱心社积极参与善后服务，成立了志愿服务、物资对接、后勤保障等小组。同时，向社员、志愿者、市民宣传志愿服务，并发布志愿服务的最新信息，提供住宿、就餐、车辆接送、心理疏导等。而且，在志愿组织参与服务的过程中，党员、团员的示范引领作用充分发挥了出来。

并且，政府注重加强志愿服务平台、载体、队伍建设，提升志愿服务水平。在县文明委领导下，由县文明办牵头成立了监利县志愿服务领导小组和志愿者协会，制定了《监利县志愿服务实施方案》和《志愿

---

① 《小城大爱　满城尽飘黄丝带——"东方之星"翻沉事件爱心大行动》，中共监利县委宣传部，2015年6月23日。

者管理考评办法》，这也是引导和整合社会力量的重要举措。特别是对"6·01"事件中积极主动开展的各项志愿活动，完善和实施激励机制，这次事故救援和善后服务的全体志愿者，被推选为最美志愿服务群体，这种激励机制也发挥了引领社会力量提供服务的作用。

社会力量的另一部分是企业力量，在政府倡导和有序引导下，他们为善后保障提供了多方面的服务。其中，政府部门向个体劳动者、私营企业协会发出倡议，该协会动员个体工商户和企业参与救援和提供善后服务。这个动员和倡议得到了积极响应，300多家企业以不同的形式，包括实物的、资金的、服务等，还有的组织了志愿者服务队，有序参与救援和奉献爱心。

4. 处理与媒体关系和舆论引导能力

处理好政府与媒体的关系，是现代政府的公共危机管理能力的一个重要组成部分。从政策实践来看，这种关系的要义在于政府与媒体这两者之间的以国家利益和公众利益为主旨的相互信任的、稳固的良性互动关系。

政府强有力的舆论引导，对凝聚社会共识、动员社会资源和社会力量有着十分重要的作用，增强了社会对官方信息的信任度，切实有效地提升了政府公信力，为实现有效的治理提供舆论支持和良好的舆论环境。在"6·01"事件中，监利县委和县政府在坚持以上舆论引导和宣传工作的基本原则和基本方针的前提下，做到了在突发事件中的积极应对，既为媒体做好服务，又全力引导舆论、依法监管，取得了令人满意的具有示范意义的社会效果。

第一，快速反应、有序组织的能力。在第一时间启动公共突发事件新闻应急响应机制和应急预案，迅速组建工作专班，分成记者登记接待和采访协调组、后勤保障组、新闻发布会会务组、网络舆情监测组、信息汇集组5个小组，接待境内外媒体。第一时间开通新闻应急热线，确保信息及时准确发布。引导主流媒体在突发事件发生的第一时间，及时准确、公开透明、高效有序地开展新闻发布，把握新闻焦点，引导舆论"风向标"，并统筹各种宣传力量，整合各类媒体资源，建立有效的信息汇集机制，为新闻传播提供高效、优质的信息汇集服务，保证信息及时、公开、透明、准确发布的关键问题，为事件处置提供了有力有序的舆论支持。

第二，全力围绕媒体记者提供服务的能力。政府部门切实履职，竭诚服务，以高度的责任感和使命感做好接待保障工作。从公布热线电话，为记者提供咨询、登记、住宿饮食等后勤服务，到为媒体记者提供采访工作的一系列技术服务,例如各种通信设备、采访车辆等,再到现场采访、新闻发布会等,确保了整体新闻采访的秩序。同时,全力协助媒体之间协同开展宣传报道,对主流媒体采取一对一的方式采集新闻线索,及时梳理新闻信息,合理把控报道的角度,协助新闻中心指导中央媒体和地方媒体把握报道的重点和原则。

第三,强有力和有效的舆论引导能力。全面引导新闻舆论,大力宣传正能量和典型事例。为了保证稿件权威、信息准确,所有信息都在微信平台集中,稿件一个出口,多个信息源证实一个事情。引导媒体大力宣传先进典型。监利县党委和政府组织县内新闻工作专门的工作组,深入采访并深度挖掘救援现场、救援后方、各部门和各乡镇支持服务救援、善后及接待安抚工作中涌现出来的感人事迹和先进典型,在国家的主流媒体上全面广泛宣传。引导社会正能量,宣传福田、毛市、网市、国土、国税、地税、交通、公安、供电等乡镇和单位"一对一"对口接待典型20多家,干部20多个,陈记面馆送餐、高考退房等普通市民典型60多个,玉沙集团、顺昌门业、五洲国际等企业5家,志愿者团体及个人80多个。

第四,积极应对各种舆情,加强对媒体的监督管理。利用新媒体技术统一加强舆论引导和指挥。监利县政府建立了应急报道的微信群,在"东方之星"沉船事故报道中起到非常大的作用,保证稿件权威,信息准确,还实现了资源共享,成为采集与播发无缝对接的平台,增强了稿件的针对性和有效性。

在灾难性突发事件的快速反应期,最重要的就是信息的真实性、及时性、公开性。政府大力保障各项信息的权威发布,有效预防并化解了一些不实炒作,营造了积极的舆论氛围,得到事故相关方和社会群众的理解与信任。监利县委宣传部安排专职人员开展网络舆情监测,全面综合国内外舆情,进行及时地汇总分析和深入研判,抓住舆论的主流,使得不实的消息、负面消息得不到蔓延发酵的机会。政府全力引导媒体和舆论、加强对媒体的管理,尤其是主流媒体,因其会在很大程度上影响到一些中小型媒体。

外媒管理有序、有效。监利县公安局联合县新闻宣传部门完成对62家境外媒体的登记、认定、监管工作。在这个过程中,宣传部门坚持依法依规履行监管职能,根据有关法律法规和国际通行规则,管理和引导外媒依法有序地开展采访和报道活动。在对外媒的服务、管理和引导中,政府做到不拒绝、不回避、不遮掩,得到了媒体的理解与信任,反过来又有利于政府进一步做好媒体管理工作。有效的外媒管理为政府在应急处置过程中强有力整合与组织社会资源提供了有力支撑和良好的社会环境。

5. 对公共精神和危机教育的能力

对公民进行公共意识教育与培育公民精神，是一个现代政府应该具有的能力，也是政府施政的社会基础。

（1）以文明建设活动培育公共精神的能力。一个社会所拥有的公共精神是社会团结与凝聚力所在。监利县长期坚持的精神文明建设，树立、塑造和形成了一种社会的"共有意义"，为各方面的社会力量在危机应对时刻中出现一致行动提供了重要的社会道德基础，也为政府的社会资源整合与组织能力提供了重要保障。

监利县党委和政府坚持精神文明建设，大力推进精神文明品牌的创建活动。一方面，在个体层面，树立典型模范、道德模范，评选最美监利人、荆楚楷模，在这些正面导向中引入有力的激励机制，弘扬社会正能量。另一方面，在社会层面，开展机关单位、家庭、企业等多领域的文明创建活动，加强典型引领的凝聚力。机关单位中的文明创建品牌，比如监利县人社局在精神文明建设中，积极倡导培育"奉献、友爱、互助、进步"的文化精神，深入推进文化基础建设，提升软实力，坚持精神文明学习教育常态化制度化，坚持举办道德经典诵读、道德讲堂、健康知识讲座等文化教育；坚持全面组织开展多层次、全覆盖的文明创建活动。城乡一体的精神文明建设全面开展，深化文明城乡的创建活动，提升居民素质，监利县完成了全县23个乡镇（农场管理区）115个村约5000户"十星级文明农户"创建试点工作，还指导县级文明单位和县级文明村（社区）创建。各领域的文明单位和文明先进的创建，都已成为全县培育和践行社会主义核心价值观的品牌活动。

（2）基层组织建设和危机教育的能力。不论是政府的常态化管理，还是重大公共危机事件的管理，坚持党的领导是根本保证。党和政府通过基层组织建设来实现对社会的引导，以及增强对社会的组织动员能力。基层组织建设有效，在党和政府管理与整合社会资源、组织社会力量方面是一个重要的保障。在一定历史时期，党和政府对社会的全面组织与动员还是通过庞大而系统的基础组织网络来实现的。

在重大事件或公共危机之时，基层党组织成员能够发挥模范带头作用，与平时的基层组织建设实践是分不开的。建设基层组织的骨干队伍，为政府统合社会资源和动员能力提供了重要的基层组织基础。监利县坚持基层党组织的领导不动摇，加强基层党组织建设，不断提升党组织的服务能力，开展党建示范点的建设,建立容城、新沟等6个"党组织服务区",组建152个村级"志愿服务站"。① 优化县、乡、村三级服务网络,不断规范开门服务、应急服务和志愿服务等平台,强力推进服务型党组织建设。同时,在加强"两新"组织党建方面,通过提升"两新"组织的党组织覆盖率,通过提升党员、组织书记队伍的素质,增强这些组织的凝聚力和战斗力,从而提升对社会力量的整合力与组织力。

在"6·01"事件的善后保障服务中,不同部门和乡镇的党组织都组织了志愿服务。例如,红城乡的党组织,设立党员志愿者服务点,为来监利的乘客家属提供各种人道主义帮助,服务点24小时不间断提供援助。又如,三州镇、大垸农场管理区、新沟镇、周老嘴镇,都积极发动志愿者参与,在不同地方成立党员志愿服务站,全天候提供救援和善后服务。全县各级党组织、领导干部和广大党员万众一心、众志成城,不舍昼夜、不计得失,彰显了党组织坚强的战斗堡垒作用,展现了党员干部"忠诚、干净、担当"的政治品格。这些党员干部的勇于担责、主动担当的行为感染了群众,对有力凝聚社会力量和奉献大爱,起到了极其重要的模范引导作用。

除了对基层组织和特定群体的危机教育、增强政

---

① 参见监利县委组织部2015年工作总结。

府官员的危机意识之外，政府对全社会的公民进行危机意识和危机应对的教育，也是一种重要的政府能力。这样，在应对公共危机时，全社会的资源整合与动员、公民的自救与互救的意识与行为，就具有了社会基础。当忧患意识成为政府与公民的一种共同意识，当应对公共危机成为公民的一种日常习惯，国家和社会的危机应对能力和危机承受能力才是现实可靠的。这也会在很大程度上促成在公共危机和灾难面前，上下齐心合力，公民（包括社会组织）自发组织起来或积极主动响应政府的号召，参与善后服务和保障工作。

综上所述，公共组织（政府）的行政伦理对社会公共生活中公共精神的形成至关重要，反过来讲，没有良好的行政伦理，就不会有政府的公共性和公信力，政府也就失去了社会整合和动员能力。在"6·01"事件中，监利党政机构做到了如下方面的行政伦理要求：

第一，维护公共利益。公共行政的本质在于其公共性。行政管理活动的根本目的是维护公共利益、增进公共利益。因此，公务员在行使公共权力时必须坚持公共利益至上的原则，不得因为一己私利或者地方利益、部门利益而影响公共事务管理的公正性。

第二，遵守法律法规。宪法和法律是公共利益原则的具体体现。遵纪守法是公务员履行义务的保证。

作为普通公民，公务员必须像其他人一样遵守宪法和法律；作为国家工作人员，公务员更应当成为遵守法律的模范。

第三，忠于国家利益。国家是社会公共利益的化身，对国家忠诚就是对公共利益的忠诚。行使公共行政职权的公务员应该忠诚地维护国家利益，服从国家利益的需要，尽心尽力为国家工作。在现实行政工作中，对国家的忠诚主要表现在严守机密和切实贯彻国家方针、政策方面。

第四，勤勉负责。公共行政工作的公共性要求公务员在他们的公务活动中勤恳工作、认真负责，不得懒惰拖沓、玩忽职守。

五　社会组织对现代公共精神的建构作用

从监利人民面对公共灾难所表现出来的公共精神看，其中社会组织所发挥的动员作用和凝聚力非常引人关注，这些社会组织与公共组织（政府）之间存在着密不可分的权益关联和价值关联。而且深入地观察发现，只有建立这种政治与文化的关联，社会组织才能在公共领域或公共危机中扮演积极的、不可替代的角色。这促使我们重新审视和检讨当今中国现实语境下的社会组织的功能和角色。或者说，在今天的公共领域中，除了公共组织（政府）发挥的主导作用，我们应该如何看待和定义各种社会组织，它们的发展对中国社会公共精神的建构具有怎样的促进意义，这是探讨监利公共精神必须重视的另一个维度。

（一）社会组织与公共组织（政府）的制度化关系

在这里，我们通过对监利社会组织在"6·01"事件中发挥的作用，首先辨明当前的"社会组织"究竟是一个什么性质的存在形式，与公共组织（政府）是一种什么关系，最后确认社会组织在社会治理结构中究竟发挥怎样的功能和作用。下面是监利有关"两新"组织的组织嵌入和相互合作的做法，它为我们后面的讨论提供了一个非常直观的"脚注"。

监利县高度重视非公有制经济组织和社会组织党建工作，大力开展"百日巩固行动"，多次召集相关责任单位召开工作推进会进行专项部署，进一步摸清全县"两新组织"党建基数，扎实做好基础工作。目前，全县共有市场主体39298户，其中个体户33149户，企业4745户，农民专业合作社1404户。企业中有国有企业65户，合伙企业116户，集体41户，有限责任公司2862户，个人独资企业950户，企业分支机构711户。通过摸排，全县符合组建条件的非公经济组织共253家，目前党组织已基本全覆盖，其中单独建立党组织 179 家，单独组建率为 76.2%。社会组织有 397 家，其中民办非企业单位 275 家（含乡镇"七站八所"有 117 家），社会团体 122 家，符合组建条件的社会组织 138 家，党组织已覆盖 138 家，覆盖率达 100%，其中单独建立党组织 91 家，单独组建率为 65.9%。

一、主要做法和成绩

1. 坚持真抓真管，强化组织领导。一是领导重视。2017 年 6 月，县委组建了"两新"党工委，成立以副部长为"两新"党工委书记，县民政局、工商局和工商联相关分管领导为党工委副书记的专班人员，全面指导全县"两新组织"党建工作。"两新"工委办事机构挂靠在组织部组织科。县委把"两新"组织党建工作纳入对各单位党组织书记抓基层党建工作述职的重要内容。二是态度求实。2016 年，我们开展过一轮"两新"组织党组织集中组建百日攻坚行动，但从组建的效果来看，部分"两新"组织党组织存在着一建就散、边建边散的问题，活动开展也存在不严不实的情况，绝大多数组建流于形式。12 月 13 日，县委常委、组织部部长、统战部部长杨从国主持召开了全县"两新"组织党建工作专项推进会，就抓好"两个覆盖"进行了专题安排部署。

重点针对民政局和工商局初核后的非公有制经济组织和社会组织进行进一步的核实，通过双向摸底、双向把关，做好"加减法"，严格按照市要求的统计口径做实基础台账，核定组建基数。三是指导严实。针对第一轮百日攻坚行动中存在的单独组建率低、组建质量不高、作用发挥不够等问题，县委"两新"党工委组建了"百日巩固行动"的督导专班，对上报数据进行随机抽查，确保组建基数不漏、不重。针对一部分"两新"组织没有党员或仅有个别党员，无法建立党的组织和开展党的工作；有的虽然建立了党组织，但由于部分企业党组织负责人不适应工作需要，使得党建工作打不开局面等现象，我们建立了党建工作指导员制度。

2. 坚持分类施策，推进"两个覆盖"。一是明确任务责任。对照"两个覆盖"要求，明确组建任务和责任清单，非公经济组织只统计有8名以上员工、有固定经营场所、实体经营的非公经济组织，社会组织只统计正常运转的社会组织，在注册登记数据基础上，剔除有名无实的"空壳"组织、久不运转的"僵尸"组织、多重注册的"影子"组织等。各单位实行挂图作战，对账销号，完成组建任务的满分，完不成组建任务的零分。二是明确组建对象。根据建立的"两新"组织党组织集中组建工作台账，组织精干力量，细化工作任务，按照"分类指导、因企制宜"的原则，对应建未建的"两新"组织逐一派员指导，集中开展党组织组建。组建工作中，抓好选举过程，严格按照党组织组建审批规定和程序进行审批。三是开展集中组建。严格对照党的各项规章制度，督促各地党建指导员携带工作规程、操作手册走进"两新"组织提供全程服务，加强"两新"组织组织组建工作的指导，确保组织组建程序规范。"两个覆盖"工作启动以来，通过单独组建、挂靠组建、区域联建等方式，共新建"两新"组织党支部306个，有效扩大了党组织覆盖面。

3. 坚持优选优育，提升队伍素质。一是从严选聘强队伍。注重从"两新"组织管理层中推荐产生党组织书记，引导党组织负责人与"两新"组织党员出资人（负责人）双向进入、交叉任职。加强"两新"组织党员培育，注重在"两新"组织管理人才和技术骨干中发展预备党员。将采取适度倾斜办法，做好"两新"组织党员发展工作，为组建党组织创造条件。二是强化培训提素质。建立定期定向培训机制，每年至少组织一次"两新"组织党务干部专题培训，通过理论辅导、专题讲座、实地观摩等形式，强化理论武装，增强履职能力。2015年春节前计划举办全县非公经济组织党务干部培训班，不断提高"两新"组织队伍党建工作水平和综合素质。在全县大培训的基础上，要求各党委对辖区或行业领域内的"两新"党组织书记分层次、多频率的进行强化培训，增强党组织书记工作能力。三是健全机制促发展。建立健全"两新"党工建指导员常态化、长效化管理机制，全面提升队伍凝聚力和战斗力。完善管理制度，指导"两新"组织党建指导员列出问题清单、责任清单、任务清单，明确工作职责、目标任务和管理规定。建立"两新"组织党建工作联席会议制度，定期召开相关部门单位会议，切实发挥各职能部门作用，形成党委统一领导、组织部门牵头抓总、党工委具体负责、各部门齐抓共管的工作格局。①

可以看出，上述社会组织的地位并没有独立于公共体制之外。改革开放40年来，社会组织从性质上是一种"民间的"社会力量。从国家方面看，政治要求

---

① 《攻坚"两新"组织，提升"两个覆盖"》，中共监利县委组织部。

和政策推动是极力促成社会组织成为公共组织（政府）的一种治理辅助力量，与公共组织（政府）建立一种合作关系；从社会方面看，各种（民间）经济社会组织既想保持一定的自主性和自治性又想从公共组织（政府）那里获得更多的便利和好处。[1] 这种"官民二重性"[2] 使它与现代（西方）意义上的社会组织区别开来，用它来理解和解释当代中国政治生活、经济生活和社会生活的结构变化，需要从中国的历史和社会情境出发，因为现代（西方）意义上的社会组织具有鲜明的非官方、非营利、自主性、独立性和促进性特征，其与公共组织（政府）在法律上存在非常清晰可辨的功能界分和权力边界。

1949年至改革开放前，国家权力在全社会实现了社会结构重组，这包括社会关系、组织关系和治理关系的重组，以此建构起新的公共性社会关系。比如，在城市实行单位制与街居制，在乡村实行人民公社制度，整个社会被纳入国家的权力支配体系和资源分配体系当中。这种新型权力由生产资料的集体所有、工分制度、统购统销制度以及户籍制度等一系列制度所维系，这种制度型权力重塑了村民与村民之间的联结

---

[1] 周庆智：《论基层社会自治》，《华中师范大学学报》2017年第1期。

[2] 孙炳耀：《中国社会团体官民二重性问题》，《中国社会科学季刊》1994年总第6期。

方式，并且对村民具有强有力的支配能力。① 社会自治空间不复存在，包括它的传统组织形式如宗族、行会、村社、宗教会社和秘密会社等，新中国的社会组织完全成为政府控制社会的代理组织或辅助形式。

1978年改革开放后，随着经济改革产生了社会领域内尤其是国家与社会关系方面的变化。体制的松动以及体制外社会力量的聚集和成长，公共性社会关系性质的变化，为社会组织发展提供了结构性条件。

比如，社会团体是当代中国政治生活的重要组成部分。中国目前的社会团体都带有准官方性质。《社会团体登记管理条例》规定，除规定的情形外，成立社会团体必须提交业务主管部门的批准文件。业务主管部门是指县级以上各级人民政府有关部门及其授权的组织。社会团体实际上附属在业务主管部门之下。

表7　　　　　　　　监利县社会团体基本情况

登记证号	名称	成立时间	业务主管单位
1	监利县黄鳝科学养殖协会	2003/6/13	直接登记
2	监利县珠算协会	2000/12/25	监利县财政局
3	监利县会计学会	2000/12/25	监利县财政局
4	监利县湘鄂西苏区历史研究会	2012/8/31	监利县史志办

---

① 申端锋：《二十世纪中国村庄权力研究综述》，《学术界》2006年第4期。

续表

登记证号	名称	成立时间	业务主管单位
5	监利县老区建设促进会	2005/9/9	监利县扶贫办
6	监利县消费者委员会	2011/1/23	监利县工商局
7	监利县个体私营企业协会	2004/8/11	监利县工商局
8	监利县总商会纯净水商会	2008/12/23	监利县工商业联合会
9	监利县米业同业商会	2005/11/28	监利县工商业联合会
10	监利县棉花同业商会	2005/10/10	监利县工商业联合会
11	监利县总商会航运同业商会	2000/11/5	监利县工商业联合会
12	监利县总商会中巴客运同业商会	2001/12/3	监利县工商业联合会
13	监利县经济发展研究会	2011/5/26	监利县工商业联合会
14	监利县农业生产资料协会	2006/2/27	监利县供销社
15	监利县国家税收研究会	2003/9/28	监利县国税局
16	监利县建筑业协会	2003/1/18	直接登记
17	监利县民办教育发展促进会	2005/11/1	监利县教育体育局
18	监利县教育学会	2002/1/21	监利县教育体育局
19	监利县美术家协会	2003/4/22	监利县文学艺术界联合会
20	监利县企业信用促进会	2005/1/1	监利县经济和信息化局
21	监利县老干部健身俱乐部	2012/12/7	监利县老干部局
22	监利县书法家协会	2003/4/23	监利县文学艺术界联合会
23	监利县离湖诗词楹联学会	2003/5/24	监利县老干部局
24	监利县慈善总会	2000/6/1	监利县民政局
25	监利县宗教界联合会	2004/6/28	监利县民宗局
26	监利县基督教协会	2004/4/28	监利县民宗局
27	监利县基督教三自爱国运动委员会	2001/7/16	监利县民宗局
28	监利县道教协会	1998/6/10	监利县民宗局
29	监利县佛教协会	2001/7/16	监利县民宗局
30	监利县面点师协会	2011/1/23	直接登记
31	监利县龙虾养殖协会	2007/6/7	直接登记

续表

登记证号	名称	成立时间	业务主管单位
32	监利县河蟹养殖销售协会	2003/6/30	直接登记
33	监利县黄鳝养殖运销协会	2003/5/15	直接登记
34	监利县税务学会	2011/7/4	监利县国税局
35	监利县乒乓球协会	2008/12/10	监利县教育体育局
36	监利县体育舞蹈运动协会	2008/8/28	监利县教育体育局
37	监利县太极拳协会	2005/12/15	监利县教育体育局
38	监利县围棋协会	2005/9/20	监利县教育体育局
39	监利县篮球协会	2005/9/14	监利县教育体育局
40	监利县老年门球协会	2003/12/30	监利县教育体育局
41	监利县书画院	2012/10/15	监利县政协
42	监利县总商会X牌出租车同业商会	2003/5/15	监利县委统战部
43	监利县海外联谊会	1994/8/26	监利县委统战部
44	监利县摄影家协会	2003/4/29	监利县文学艺术界联合会
45	监利县音乐家协会	2003/4/25	监利县文化馆（证书是文联）
46	监利县群众文化艺术协会	2008/3/5	监利县文化广电旅游局
47	监利县艺术藏品鉴赏研究会	2007/12/10	监利县文学艺术界联合会
48	监利县京剧票友联谊会	2006/10/30	监利县文化广电旅游局
49	监利县收藏协会	2006/11/1	监利县文化广电旅游局
50	监利县荆江文学社	2005/5/12	监利县文学艺术界联合会
51	监利县三闸诗社	2004/8/30	监利县文学艺术界联合会
52	监利县桐梓湖诗社	2004/8/3	监利县文学艺术界联合会
53	监利县社会音乐舞蹈协会	2003/8/19	监利县文学艺术界联合会
54	监利县福田诗社	2000/4/28	监利县文学艺术界联合会
55	监利县荆南印社	2013/8/29	监利县文学艺术界联合会
56	监利县养蜂协会	2008/1/2	监利县畜牧局
57	监利县医学会	2004/9/13	监利县食品药品监督管理局

续表

登记证号	名称	成立时间	业务主管单位
58	监利县集邮协会	2002/1/21	监利县邮政局
59	监利县女子读书会	2013/4/12	监利县政协
60	监利县朱河镇沙堤垸农民用水者协会	2008/5/6	监利县朱河镇人民政府
61	监利县周老嘴镇农民用水者协会	2013/12/20	监利县水利局
62	监利县容城镇农民用水者协会	2014/3/17	监利县水利局
63	监利县分盐镇农民用水者协会	2014/3/17	监利县水利局
64	监利县尺八镇农民用水者协会	2014/3/17	监利县水利局
65	监利县新沟镇农民用水者协会	2014/3/20	监利县水利局
66	监利县福田寺镇农民用水者协会	2014/6/23	监利县水利局
67	监利县棋盘乡农民用水者协会	2014/4/11	监利县水利局
68	监利县桥市镇农民用水者协会	2014/4/11	监利县水利局
69	监利县白螺镇农民用水者协会	2014/5/13	监利县水利局
70	监利县龚场镇农民用水者协会	2013/12/16	监利县水利局
71	监利县游泳协会	2014/5/16	监利县教育体育局
72	监利县集报协会	2014/6/16	直接登记
73	监利县教育发展促进会	2016/5/30	监利县政协
74	监利一米爱心社	2014/8/26	直接登记
75	监利县老年书画研究会	2014/12/3	监利县老干部局
76	监利县艺术团	2014/12/3	直接登记
77	监利县郭铺中心小学爱心助学协会	2014/12/25	监利县教育体育局
78	监利县梨花京剧票社	2015/4/28	监利县文化广电旅游局
79	监利县蓝天下妇女儿童维权协会	2015/8/12	监利县妇女联合会
80	监利县黄丝带志愿者协会	2015/12/23	监利县文明办
81	监利县"爱心妈妈"协会	2016/4/1	监利县妇女联合会
82	监利县跆拳道协会	2016/5/18	监利县教育体育局
83	监利县民间艺术协会	2016/5/30	监利县文学艺术界联合会
84	监利县二胡协会	2016/6/29	监利县老干部局

续表

登记证号	名称	成立时间	业务主管单位
85	监利县百花戏剧团	2016/9/29	监利县老干部局
86	监利县长跑运动协会	2016/10/12	监利县教育体育局
87	监利县江豚保护协会	2016/10/20	荆州市长江河道管理局监利分局上车段
88	监利县稻田计划志愿者协会	2017/3/21	中国共产主义青年团监利县委员会
89	监利县探花文化研究会	2017/8/16	监利县文学艺术界联合会
90	监利县青年创业促进会	2017/8/18	中国共产主义青年团监利县委员会
91	监利县内部审计协会	2017/8/18	监利县审计局
92	监利县蒲公英爱心协会	2017/9/4	监利县文明办
93	监利县绿叶志愿者协会	2017/9/13	中国共产主义青年团监利县委员会
94	监利县旗袍协会	2017/11/20	监利县妇女联合会
95	监利县海峡文化研究会	2018/2/12	监利县文化广电旅游局
96	监利县铝业行业协会	2018/2/12	监利县工商业联合会
97	监利县象棋协会	2018/4/9	监利县教育体育局
98	监利县自行车运动协会	2018/4/9	监利县教育体育局
99	监利县足球协会	2018/6/15	监利县教育体育局
100	监利县作家协会	2018/8/6	监利县文学艺术界联合会
101	监利县服装行业协会	2018/12/3	监利县工商业联合会
102	监利县荆台诗社	2018/12/3	监利县文学艺术界联合会
103	监利县羽毛球协会	2018/12/3	监利县教育体育局

资料来源：监利县民政局。

社会组织的发展和成长意味着公共领域的出现。一个可以决定或影响公共组织（政府）决策的形成、通过"自由结社"产生的"公共领域"——由社会成员自愿加入、彼此平等相待的组织形式，承担着社会治理整合的任务，这样公共领域的形成和发展，大致应该具备如下条件：一个公共权威之外的私人活动空间（市场、家庭等）；由私人活动中逐渐产生的公共领域；一个具有自主性的社会。在这里，一个结构性的前提是，社会分工的发展和社会分化的多元，社会阶层和社会利益群体的塑造和成长，个人权利意识和权利主张成为全社会共识，这一切为之后公共领域的形成准备了基础性条件。推动这些变化发生的基本原因首先或主要源于市场经济的发展、从身份关系到契约关系的形成，一个与（建立在权力支配关系之上的）权威秩序区分开来的（建立在自由合意基础上的契约关系）自发秩序，这些为现代社会组织的发展提供了结构性条件。

就现代社会组织的社会治理功能作用而言，一方面，它是介于国家与社会之间、具有促进性和自主性、连接政府与个体的一个中介结构；另一方面，它发挥保障公民权利和公民政治参与的功能和作用。[①] 这两个方面的功能作用突出了社团组织所扮演的角色：在法律保护之下自由地交换看法从而形成"公共意见"，

---

① 俞可平：《中国公民社会的兴起及其对治理的意义》，载俞可平等《中国公民社会的兴起及其对治理的意义》，社会科学文献出版社2002年版，第189页。

并且基于社会的独立性和自主性乃是现代社会组织的本质特征,它包含了一种与国家并存而且至少不是在国家直接控制之下的社会的观念。

所以,社会组织的产生,其动力来源于功能群体的出现,以及群体正式化的趋势。在社会的演进过程中,一方面,功能性群体自然演化成了正规的社会组织;另一方面,一些社会群体的正式化,也造就了组织的形式。

首先,社会组织结构发生了变化。在城市社会,国家或全民所有的社会组织在整个中国社会中所占的比重在迅速下降,在某些经济领域和行业中,国家或全民所有的经济组织已经变成一个很小的部分,取而代之的是私营的、合资的或股份制的经济组织形式。[①]这些结构性的变化预示着个体从单位社会的利益组织化架构转型进入公共社会的利益组织化架构中。乡村社会组织结构也发生了重大改变。农村实行基层群众自治,即旧的利益组织化架构(人民公社)的废止,代之以新的利益组织化架构即村民自治组织。后者是一个与集体土地产权相关联的行政村村民的"成员身份自治"共同体,换言之,它不能将基层所有民众甚至包括全体村民的利益纳入权力分配的体系当中。

---

① 李汉林:《中国单位社会:议论、思考与研究》,中国社会科学出版社2014年版,第1页。

其次，社会联系方式发生了变化。一方面，过去联结人们权利、责任、义务这些因素的纽带，比如单位、村庄、家庭、宗族，发生了一个从"身份到契约"即从身份关系到契约关系的变化。反映在社会关系领域，就是人际关系的契约化构成现代生活各种社会关系中的最基本形式。另一方面，基于自由合意产生的契约关系形成的社会成员共同体，逐渐发展起来，各种社团组织，比如社会中的互助团体、市场中的商会和行业协会组织等，社会结社关系和利益关系的组织化，已经成为现代经济生活必不可少的基础性条件。

再次，国家与社会关系发生了变化。1949年后的国家与社会一体化结构关系的特性是，社会治理体系与资源分配体系合二为一。改革开放后，国家允许公民享有有限的结社自由，允许某些类型的社会组织存在。同时，国家也有意识地利用各种社会组织提供公共产品和公共服务。社会有了自主空间，体制外产生了整合或协调个体与个体或个体与国家关系的"半官半民"的社团或个体协会，等等。上述社会关系领域的变化，使社会组织的发展有了体制外的成长空间，为国家与社会之间的结构性安排以及这种安排的制度化提供了基础性条件。

从改革开放40年来的发展看，面对公共社会的多元性和利益分化，公共体制进入了一个围绕权威重构秩序的议程当中。其一，对全能主义社会管理理念和控制方式的调整。从村社体制性权力收缩至乡镇一级，到今天的国家权力重新再下基层村居一级，这表明，公共体制控制社会、防范社会的观念没有发生任何实质性的改变，也就是说，改革开放后国家权力退出但村民自治的制度性权力并没有得到加强却出现弱化的趋向，这主要是由于基层党政权力对乡村社会的实质性介入，或者说，改革开放后的乡村社会秩序建构并没有处于党政权力的覆盖之外。其二，与过去的全能主义治理结构不同，现在的社会治理结构是一个国家（政府）直接面对个体民众的官—民（干群）治理结构关系。比如在农村，基层社会组织形式重构的秩序特征主要体现在两个方面：一方面，在国家正式权力的运作过程中，引入了基层社会规则或地方性知识，展现了国家与农民关系的实践形态。[①] 另一方面，国家权力将村民自治组织作为控制和影响基层社会秩序的新的组织形式，这是国家权力对基层社会进行的重新"行政化"即官治化，后者成为乡镇基层政权对基层社会控制和动员的组织形式。进一步讲，改革开放后国家权力对基层社会改变了过去的控制和动员方式，这是一个从全能主义治理转向权威主义治理的改变，

[①] 孙立平：《软硬兼施：正式权力非正式运作的过程分析》，载《清华社会学评论》，鹭江出版社2000年版。

比如，在秩序规范上从由国家力量构建起来的基层社会秩序结构转变为以国家的规范性权力为主与以乡村社会的非规范性权力以及基层社会规范（比如习俗、惯例等地方性知识）为辅的秩序形态和组织形式。上述制度变革背后的政治逻辑和治理逻辑，是为了加强和强化公共体制（国家）的权威主导地位。通过一系列制度创新和改革，政府公信力得到了提升（见表8），使公共组织（政府）具备更强大的执政资源与社会动员能力。

表8　　民众政治信任水平

	个案数	最小值	最大值	平均值	标准差
党和政府树立的模范党员、干部具有非常高的威信	489	1.00	6.00	4.2699	1.22338
党和政府有为老百姓主持公道的愿望	489	1.00	6.00	4.6115	1.24316
党和政府的政策确实是真心实意关心老百姓的	488	1.00	6.00	4.7807	1.20875
党和政府在老百姓的心里威信很高	487	1.00	6.00	4.5585	1.31631
党和政府有能力为老百姓主持公道	489	1.00	6.00	4.6155	1.13596
政治信任总分	486	1.00	6.00	4.5700	1.05939

数据来源：中国社会科学院政治学研究所"地方政府治理现代化"创新项目组于2018年3月对湖北监利的调查问卷。

进一步讲，社会组织作为国家体制之外"民"的部分，是改革开放40年来的社会结构变化和公共性社会关系变化的产物。把"民"的部分（比如村居民自治、市场上的经济组织以及各类互助性组织等）赋予新的现代性内涵是社会组织发展成长的基础性条件。观察改革开放40年来社会治理变迁，社会组织还没有发生这样的转化，比如，基层群众自治组织最终成为国家权力控制和影响基层社会秩序的新的组织形式，换言之，村（居）民自治制度安排并非意味着国家权力从乡村社会的退出，相反却是国家真正深入乡村社会的表现，实际上是一种国家政权在乡村社会重建的形式。① 公共组织（政府）的目标依然是提升国家权力在广大乡村民众中的权威以及国家对乡村社会有效整合的能力。它的惯常做法就是不断地复制或培植新的代理组织，去承担某一方面的公共事务和公共服务任务，比如，通过市场购买服务的方式培植起来的雇佣群体，致力于为基层社会提供公共产品与公共服务。这类雇佣性质的组织一般围绕政府的公共资源而繁殖、生长，是被组织而不是自组织，是官办或者半官半民性质的，不是民间的、社会的一部分，而是官的延伸、政府的延伸。

总之，从上述体制发展特性上看，现代社会组织的发展和成长受制于如下政治逻辑和国家治理逻辑：公共

---

① 详见荣敬本、崔之元等《从压力型体制向民主合作体制的转变——县乡两级政治体制改革》，中央编译出版社1998年版。

权威的再造目的并不是要限制自身的权力，树立一种与国家并存而且至少不是在国家直接控制之下的社会的观念，致力于培育一个公共权威之外的私人活动空间（市场、家庭等），并由私人活动中逐渐产生的公共领域，一个具有高度自主性的社会，而是相反，公共权威重塑的目标是将分散的个体和分化的社会群体统合于公共体制的权力管制系统当中。在当前中国社会的现实情境下，社会组织作为公共体制外的一个存在，它的功能和作用无外乎以两种存在形式得到展示：一个是社会的自组织形式；一个是国家统治的辅助形式。那么，这两种存在形式如何获得融通和再造，共同促成一种和谐、稳定的社会秩序，这是当前中国社会组织发展面临的一个体制性和制度性的选择问题。

（二）现代社会组织的治理意义

当前中国的社会组织具有完全可以辨认的现代性因素：非政府、非营利、自主性与自治性等，以至于一些论者认为，中国已经形成一个独立于国家以外的社会领域，并且在社会领域结构变化的意义上，"社会自治"已经是"中国的现实"。[①] 但我们同样看到另一

---

① 高丙中：《"公民社会"概念与中国现实》，《思想战线》2012年第1期。

个明确无误的事实是,至今中国并不存在一个"独立性"或"中介性"的社会领域,或者说,构成"社会自治"的各类社会组织无一不在公共组织(政府)的直接或间接领导之下,或者成为传统意义上的"民间"部分,或者成为公共组织(政府)社会治理的辅助形式。

表9　　　　监利县民办非企业单位(组织)基本情况

登记证号	名称	成立时间	业务主管单位
1	监利县佳一综合培训部	2013/10/10	监利县教育体育局
2	监利县容城镇小太阳幼儿园	2013/10/10	监利县教育体育局
3	监利县网市镇金钥匙幼儿园	2013/10/10	监利县教育体育局
4	监利县程集镇姚集幼儿园	2013/10/10	监利县教育体育局
5	监利县容城镇思佳蓝天幼儿园	2013/7/12	监利县教育体育局
6	监利县红城乡红太阳荷花幼儿园	2013/5/24	监利县教育体育局
7	监利县朱河镇蓝天宝贝幼儿园	2013/4/8	监利县教育体育局
8	监利县毛市镇卸市中心幼儿园	2013/4/8	监利县教育体育局
9	监利县容城镇天星幼儿园	2013/4/8	监利县教育体育局
10	监利县程集镇堤头幼儿园	2013/4/8	监利县教育体育局
11	监利县朱河镇李庙幼儿园	2013/3/1	监利县教育体育局
12	监利县启智学校	2013/3/1	监利县教育体育局
13	监利县走向哈佛教育培训学校	2012/12/7	监利县教育体育局
14	监利县小天使幼儿园	2012/12/7	监利县教育体育局
15	监利县红城乡新民中心幼儿园	2012/11/13	监利县教育体育局
16	监利县容城镇童心幼儿园	2012/11/13	监利县教育体育局
17	监利县容城镇神奇宝贝幼儿园	2012/11/13	监利县教育体育局
18	监利县尺八镇中心街幼儿园	2012/11/13	监利县教育体育局

续表

登记证号	名称	成立时间	业务主管单位
19	监利县红城乡太马幼儿园	2012/11/13	监利县教育体育局
20	监利县容城镇气象幼儿园	2012/11/13	监利县教育体育局
21	监利县福田寺镇福田幼儿园	2012/10/22	监利县教育体育局
22	监利县龚场镇明佳双语幼儿园	2012/10/17	监利县教育体育局
23	监利县朱河镇新天地幼儿园	2012/10/15	监利县教育体育局
24	监利县网市镇蓝精灵幼儿园	2012/10/15	监利县教育体育局
25	监利县分盐镇幼儿园	2012/10/15	监利县教育体育局
26	监利县尺八镇红庙幼儿园	2012/10/15	监利县教育体育局
27	监利县黄歇口镇黄歇幼儿园	2012/10/15	监利县教育体育局
28	监利县新沟镇新沟幼儿园	2012/10/15	监利县教育体育局
29	监利县周老嘴镇周老幼儿园	2012/10/15	监利县教育体育局
30	监利县毛市镇姚铺幼儿园	2012/10/15	监利县教育体育局
31	监利县毛市镇小明星艺术幼儿园	2012/10/15	监利县教育体育局
32	监利县朱河镇建才幼儿园	2012/10/15	监利县教育体育局
33	监利县汴河镇大风车幼儿园	2012/10/15	监利县教育体育局
34	监利县上车湾镇上车幼儿园	2012/8/31	监利县教育体育局
35	监利县龚场镇小红帽幼儿园	2012/8/31	监利县教育体育局
36	监利县尺八镇家家宝幼儿园	2012/8/16	监利县教育体育局
37	监利县福田寺镇柳关苏区幼儿园	2012/8/16	监利县教育体育局
38	监利县桥市镇慈爱幼儿园	2012/8/16	监利县教育体育局
39	监利县桥市镇沙岭幼儿园	2012/8/16	监利县教育体育局
40	监利县桥市镇心连心艺术幼儿园	2012/5/15	监利县教育体育局
41	监利县桥市镇桥市幼儿园	2012/7/10	监利县教育体育局
42	监利县红城乡观音幼儿园	2012/3/1	监利县教育体育局
43	监利县光明小学	2011/6/9	监利县教育体育局
44	监利县容城镇智慧乐幼儿园	2011/1/24	监利县教育体育局
45	监利县三洲镇星星幼儿园	2011/1/22	监利县教育体育局

续表

登记证号	名称	成立时间	业务主管单位
46	监利县朱河镇阳光宝宝幼儿园	2011/1/21	监利县教育体育局
47	监利县周老嘴镇开开幼儿园	2011/1/18	监利县教育体育局
48	监利县周老嘴镇阳光幼儿园	2011/1/16	监利县教育体育局
49	监利县汪桥镇莲台幼儿园	2010/4/18	监利县教育体育局
50	监利县明珠双语幼儿园	2010/1/30	监利县教育体育局
51	监利县尺八镇小叮当幼儿园	2008/5/21	监利县教育体育局
52	监利县朱河镇燕燕幼儿园	2007/12/17	监利县教育体育局
53	监利县巨人文化艺术培训学校	2007/12/17	监利县教育体育局
54	监利县新天地英语培训学校	2007/9/9	监利县教育体育局
55	监利中学	2007/2/6	监利县教育体育局
56	监利县柘木中学	2005/12/28	监利县教育体育局
57	翔宇教育集团监利新教育实验学校	2007/2/5	监利县教育体育局
58	监利县高中补习中心	2008/1/3	监利县教育体育局
59	监利县朱河镇凝芳艺术幼儿园	2006/10/30	监利县教育体育局
60	监利县朱河镇家宝艺术幼儿园	2005/12/13	监利县教育体育局
61	监利县东荆文化武术学校	2001/11/22	监利县教育体育局
62	监利县容城镇阳光艺术幼儿园	2001/11/22	监利县教育体育局
63	监利县电子网络工程学校	2005/11/9	监利县教育体育局
64	监利县荆江路学校	2005/10/31	监利县教育体育局
65	翔宇教育集团监利总校	2005/10/23	监利县教育体育局
66	监利县新沟文化武术学校	2001/11/22	监利县教育体育局
67	监利县博爱中学	2001/11/22	监利县教育体育局
68	监利县楚才高级中学	2005/10/9	监利县教育体育局
69	监利县七色光艺术幼儿园	2004/9/11	监利县教育体育局
70	监利县小明星音乐艺术培训学校	2004/9/6	监利县教育体育局
71	监利县建设科技学校	2004/4/12	监利县教育体育局
72	监利县容城镇蓝天幼儿园	2003/10/14	监利县教育体育局

续表

登记证号	名称	成立时间	业务主管单位
73	监利县春光音乐艺术培训学校	2003/7/10	监利县教育体育局
74	监利县外国语学校	2002/12/20	监利县教育体育局
75	监利县创新学校	2005/9/7	监利县教育体育局
76	监利县外贸学校	2005/7/20	监利县教育体育局
77	监利县容城镇小博士精英幼儿园	2006/8/8	监利县教育体育局
78	监利县容城镇迷你乐幼儿园	2002/8/12	监利县教育体育局
79	监利县心连心舞蹈培训学校	2002/8/12	监利县教育体育局
80	监利县红城乡红太阳幼儿园	2008/5/21	监利县教育体育局
81	监利县汪桥镇新苗幼儿园	2012/7/13	监利县教育体育局
82	监利县程集镇乐乐幼儿园	2012/5/21	监利县教育体育局
83	监利县周老嘴镇新苗幼儿园	2012/12/7	监利县教育体育局
84	监利县周老嘴镇小博士幼儿园	2012/12/7	监利县教育体育局
85	监利县白螺镇白螺街幼儿园	2012/12/7	监利县教育体育局
86	监利县荒湖金苹果幼儿园	2012/7/13	监利县教育体育局
87	监利县棋盘乡棋盘幼儿园	2012/12/7	监利县教育体育局
88	监利县白螺镇畜牧兽医服务中心	2004/12/30	监利县白螺镇人民政府
89	监利县分盐镇畜牧兽医服务中心	2004/12/30	监利县分盐镇人民政府
90	监利县新沟镇畜牧兽医服务中心	2004/12/30	监利县新沟镇人民政府
91	监利县龚场镇畜牧兽医服务中心	2004/12/30	监利县龚场镇人民政府
92	监利县三洲镇畜牧兽医服务中心	2004/12/30	监利县三洲镇人民政府
93	监利县汪桥镇畜牧兽医服务中心	2004/12/30	监利县汪桥镇人民政府
94	监利县红城乡畜牧兽医服务中心	2004/12/30	监利县红城乡人民政府
95	监利县柘木乡畜牧兽医服务中心	2004/12/30	监利县柘木乡人民政府
96	监利县福田寺镇畜牧兽医服务中心	2004/12/30	监利县福田寺镇人民政府
97	监利县尺八镇畜牧兽医服务中心	2004/12/30	监利县尺八镇人民政府
98	监利县上车湾镇畜牧兽医服务中心	2004/12/30	监利县上车湾镇人民政府
99	监利县周老嘴镇畜牧兽医服务中心	2004/12/30	监利县周老嘴镇人民政府

续表

登记证号	名称	成立时间	业务主管单位
100	监利县程集镇畜牧兽医服务中心	2004/12/30	监利县程集镇人民政府
101	监利县桥市镇畜牧兽医服务中心	2004/12/30	监利县桥市镇人民政府
102	监利县毛市镇畜牧兽医服务中心	2004/12/30	监利县毛市镇人民政府
103	监利县黄歇口镇畜牧兽医服务中心	2004/12/30	监利县黄歇口镇人民政府
104	监利县棋盘乡畜牧兽医服务中心	2004/12/30	监利县棋盘乡人民政府
105	监利县朱河镇畜牧兽医服务中心	2004/12/30	监利县朱河镇人民政府
106	监利县容城镇畜牧兽医服务中心	2004/12/30	监利县容城镇人民政府
107	监利县网市镇畜牧兽医服务中心	2004/12/30	监利县网市镇人民政府
108	监利县汴河镇畜牧兽医服务中心	2005/1/10	监利县汴河镇人民政府
109	监利县分盐镇农村公益性服务中心	2008/1/9	监利县分盐镇人民政府
110	监利县黄歇口镇农村公益性服务中心	2007/12/25	监利县黄歇口镇人民政府
111	监利县汴河镇农村公益性服务中心	2008/1/9	监利县汴河镇人民政府
112	监利县福田寺镇农村公益性服务中心	2007/12/25	监利县福田寺镇人民政府
113	监利县网市镇农村公益性服务中心	2007/12/25	监利县网市镇人民政府
114	监利县棋盘乡农村公益性服务中心	2007/12/21	监利县棋盘乡人民政府
115	监利县汪桥镇农村公益性服务中心	2007/11/13	监利县汪桥镇人民政府
116	监利县柘木乡农村公益性服务中心	2007/11/13	监利县柘木乡人民政府
117	监利县程集镇农村公益性服务中心	2007/12/24	监利县程集镇人民政府
118	监利县红城乡农村公益性服务中心	2007/11/13	监利县红城乡人民政府
119	监利县三洲镇农村公益性服务中心	2008/1/7	监利县三洲镇人民政府
120	监利县白螺镇农村公益性服务中心	2008/1/11	监利县白螺镇人民政府
121	监利县毛市镇农村公益性服务中心	2007/12/20	监利县毛市镇人民政府
122	监利县新沟镇农村公益性服务中心	2007/12/21	监利县新沟镇人民政府
123	监利县尺八镇农村公益性服务中心	2008/10/13	监利县尺八镇人民政府
124	监利县网市镇农业技术服务中心	2004/12/30	监利县网市镇人民政府
125	监利县分盐镇农业技术服务中心	2004/12/30	监利县分盐镇人民政府

续表

登记证号	名称	成立时间	业务主管单位
126	监利县白螺镇农业技术服务中心	2004/12/30	监利县白螺镇人民政府
127	监利县福田寺镇农业技术服务中心	2004/12/30	监利县福田寺镇人民政府
128	监利县三洲镇农业技术服务中心	2004/12/30	监利县三洲镇人民政府
129	监利县黄歇口镇农业技术服务中心	2004/12/30	监利县黄歇口镇人民政府
130	监利县新沟镇农业技术服务中心	2004/12/30	监利县新沟镇人民政府
131	监利县毛市镇农业技术服务中心	2004/12/30	监利县毛市镇人民政府
132	监利县程集镇农业技术服务中心	2004/12/30	监利县程集镇人民政府
133	监利县尺八镇农业技术服务中心	2004/12/30	监利县尺八镇人民政府
134	监利县棋盘乡农业技术服务中心	2004/12/30	监利县棋盘乡人民政府
135	监利县红城乡农业技术服务中心	2004/12/30	监利县红城乡人民政府
136	监利县柘木乡农业技术服务中心	2004/12/30	监利县柘木乡人民政府
137	监利县上车湾镇农业技术服务中心	2004/12/30	监利县上车湾镇人民政府
138	监利县朱河镇农业技术服务中心	2004/12/30	监利县朱河镇人民政府
139	监利县龚场镇农业技术服务中心	2004/12/30	监利县龚场镇人民政府
140	监利县汪桥镇农业技术服务中心	2004/12/30	监利县汪桥镇人民政府
141	监利县周老嘴镇农业技术服务中心	2004/12/30	监利县周老嘴镇人民政府
142	监利县桥市镇农业技术服务中心	2004/12/30	监利县桥市镇人民政府
143	监利县汴河镇农业技术服务中心	2005/1/10	监利县汴河镇人民政府
144	监利县三洲镇乡镇规划建设服务中心	2004/12/30	监利县三洲镇人民政府
145	监利县白螺镇乡镇规划建设服务中心	2004/12/30	监利县白螺镇人民政府
146	监利县毛市镇乡镇规划建设服务中心	2004/12/30	监利县毛市镇人民政府
147	监利县汪桥镇乡镇规划建设服务中心	2004/12/30	监利县汪桥镇人民政府
148	监利县新沟镇乡镇规划建设服务中心	2004/12/30	监利县新沟镇人民政府

续表

登记证号	名称	成立时间	业务主管单位
149	监利县网市镇乡镇规划建设服务中心	2004/12/30	监利县网市镇人民政府
150	监利县福田寺镇乡镇规划建设服务中心	2004/12/30	监利县福田寺镇人民政府
151	监利县汴河镇乡镇规划建设服务中心	2004/12/30	监利县汴河镇人民政府
152	监利县周老嘴镇乡镇规划建设服务中心	2004/12/30	监利县周老嘴镇人民政府
153	监利县龚场镇乡镇规划建设服务中心	2004/12/30	监利县龚场镇人民政府
154	监利县尺八镇乡镇规划建设服务中心	2004/12/30	监利县尺八镇人民政府
155	监利县分盐镇乡镇规划建设服务中心	2004/12/30	监利县分盐镇人民政府
156	监利县桥市镇乡镇规划建设服务中心	2004/12/30	监利县桥市镇人民政府
157	监利县朱河镇乡镇规划建设服务中心	2004/12/30	监利县朱河镇人民政府
158	监利县黄歇口镇乡镇规划建设服务中心	2004/12/30	监利县黄歇口镇人民政府
159	监利县桥市镇计划生育服务站	2004/12/30	监利县桥市镇人民政府
160	监利县黄歇口镇计划生育服务站	2004/12/30	监利县黄歇口镇人民政府
161	监利县白螺镇计划生育服务站	2004/12/30	监利县白螺镇人民政府
162	监利县三洲镇计划生育服务站	2004/12/30	监利县三洲镇人民政府
163	监利县分盐镇计划生育服务站	2004/12/30	监利县分盐镇人民政府
164	监利县汴河镇计划生育服务站	2004/12/30	监利县汴河镇人民政府
165	监利县福田寺镇计划生育服务站	2004/12/30	监利县福田寺镇人民政府
166	监利县网市镇计划生育服务站	2004/12/30	监利县网市镇人民政府
167	监利县程集镇计划生育服务站	2004/12/30	监利县程集镇人民政府
168	监利县棋盘乡计划生育服务站	2006/7/7	监利县棋盘乡人民政府

续表

登记证号	名称	成立时间	业务主管单位
169	监利县新沟镇计划生育服务站	2004/12/30	监利县新沟镇人民政府
170	监利县毛市镇计划生育服务站	2004/12/30	监利县毛市镇人民政府
171	监利县红城乡计划生育服务站	2004/12/30	监利县红城乡人民政府
172	监利县柘木乡计划生育服务站	2004/12/30	监利县柘木乡人民政府
173	监利县汪桥镇计划生育服务站	2004/12/30	监利县汪桥镇人民政府
174	监利县尺八镇计划生育服务站	2004/12/30	监利县尺八镇人民政府
175	监利县上车湾镇计划生育服务站	2004/12/30	监利县上车湾镇人民政府
176	监利县龚场镇计划生育服务站	2004/12/30	监利县龚场镇人民政府
177	监利县周老嘴镇计划生育服务站	2004/12/30	监利县周老嘴镇人民政府
178	监利县朱河镇计划生育服务站	2004/12/30	监利县朱河镇人民政府
179	监利县中心法律服务所	2006/7/18	监利县司法局
180	监利县红城法律服务所	2006/7/18	监利县司法局
181	监利县容城法律服务所	2006/7/18	监利县司法局
182	监利县汪桥法律服务所	2006/7/18	监利县司法局
183	监利县程集法律服务所	2006/7/18	监利县司法局
184	监利县大垸法律服务所	2006/7/18	监利县司法局
185	监利县龚场法律服务所	2006/7/18	监利县司法局
186	监利县尺八法律服务所	2006/7/18	监利县司法局
187	监利县朱河法律服务所	2006/7/18	监利县司法局
188	监利县桥市法律服务所	2006/7/18	监利县司法局
189	监利县毛市法律服务所	2006/7/18	监利县司法局
190	监利县白螺法律服务所	2006/7/18	监利县司法局
191	监利县新沟法律服务所	2006/7/18	监利县司法局
192	监利县柘木法律服务所	2006/7/18	监利县司法局
193	监利县周老嘴法律服务所	2006/7/18	监利县司法局
194	监利县远安职业培训学校	2005/12/27	监利县人力资源和社会保障局

续表

登记证号	名称	成立时间	业务主管单位
195	监利县恒昌职业培训学校	2006/8/24	监利县人力资源和社会保障局
196	监利县晨欣电脑培训学校	2002/3/25	监利县人力资源和社会保障局
197	监利县奔驰电脑培训学校	2002/3/25	监利县人力资源和社会保障局
198	监利县人力资源和社会保障服务中心	2005/6/18	监利县人力资源和社会保障局
199	监利县容城镇劳动保障服务所	2005/1/10	监利县人力资源和社会保障局
200	监利县朱河镇劳动保障服务所	2005/1/10	监利县人力资源和社会保障局
201	监利县新沟镇劳动保障服务所	2005/1/10	监利县人力资源和社会保障局
202	监利县毛市镇劳动保障服务所	2005/1/10	监利县人力资源和社会保障局
203	监利县黄歇口镇劳动保障服务所	2005/1/10	监利县人力资源和社会保障局
204	监利县汴河镇劳动保障服务所	2005/1/10	监利县人力资源和社会保障局
205	监利县网市镇劳动保障服务所	2005/1/10	监利县人力资源和社会保障局
206	监利县尺八镇劳动保障服务所	2005/1/10	监利县人力资源和社会保障局
207	监利县白螺镇劳动保障服务所	2005/1/10	监利县人力资源和社会保障局
208	监利县红城乡劳动保障服务所	2005/1/10	监利县人力资源和社会保障局
209	监利县机关事业单位离退休人员管理服务所	2005/6/18	监利县人力资源和社会保障局
210	监利县梦想成真婚姻介绍所	2002/9/16	监利县民政局

续表

登记证号	名称	成立时间	业务主管单位
211	监利县四叶草社会公益服务中心	2002/5/18	监利县民政局
212	监利县玫瑰之约婚姻介绍中心	2005/8/3	监利县民政局
213	监利楚天医院	2012/11/13	监利县卫生和计划生育局
214	监利县企业离退休人员管理服务所	2005/6/18	监利县企业养老保险管理局
215	监利县蜂疗及蜂保健产品研究所	2002/1/25	监利县科技局
216	监利县汴河镇刽口苏区幼儿园	2014/1/14	监利县教育体育局
217	监利大垸医院	2014/1/14	监利县卫生和计划生育局
218	监利县汴河镇郭铺精博士幼儿园	2014/1/14	监利县教育体育局
219	监利县汪桥镇严场幼儿园	2014/1/14	监利县教育体育局
220	监利县大垸金阳老年公寓	2014/6/16	直接登记
221	监利楚天康复养老院	2014/6/16	直接登记
222	监利县大垸管理区西湖幼儿园	2014/8/26	监利县教育体育局
223	监利县容城镇永红幼儿园	2014/8/26	监利县教育体育局
224	监利县桥市镇舒垸幼儿园	2014/8/26	监利县教育体育局
225	监利县尺八镇蓝铺幼儿园	2014/7/9	监利县教育体育局
226	监利县红城乡迎春红太阳幼儿园	2014/8/26	监利县教育体育局
227	监利县朱河镇李沟幼儿园	2014/8/26	监利县教育体育局
228	监利县柘木乡创新幼儿园	2014/7/10	监利县教育体育局
229	监利县大垸管理区中洲幼儿园	2014/8/26	监利县教育体育局
230	监利县龚场镇小博士幼儿园	2014/8/26	监利县教育体育局
231	监利县东方艺术幼儿园	2014/8/26	监利县教育体育局
232	监利县尺八镇辰星幼儿园	2014/8/26	监利县教育体育局
233	监利县福星康乐社会养老中心	2014/10/10	直接登记
234	监利县上车湾镇智慧树幼儿园	2014/10/16	监利县教育体育局
235	监利县周老嘴镇苏区幼儿园	2014/10/16	监利县教育体育局
236	监利县容城镇章华幼儿园	2014/10/16	监利县教育体育局
237	监利县容城镇米奇中英文幼儿园	2015/5/25	监利县教育体育局

续表

登记证号	名称	成立时间	业务主管单位
238	监利县柘木乡聂河幼儿园	2015/5/25	监利县教育体育局
239	监利县容城镇希望幼儿园	2015/7/22	监利县教育体育局
240	监利县柘木乡熊猫幼儿园	2015/7/22	监利县教育体育局
241	监利县容城镇荆楚幼儿园	2015/7/21	监利县教育体育局
242	监利县普爱医院	2015/7/28	监利县卫生和计划生育局
243	监利县力美青少年游泳体育俱乐部	2016/1/7	监利县教育体育局
244	监利县黄歇口镇伍场子胥幼儿园	2016/2/24	监利县教育体育局
245	监利县汪桥镇阳光宝贝幼儿园	2016/2/24	监利县教育体育局
246	监利县汪桥镇天之骄幼儿园	2016/2/24	监利县教育体育局
247	监利县朱河镇星星幼儿园	2016/2/24	监利县教育体育局
248	监利县汪桥镇育苗幼儿园	2016/2/24	监利县教育体育局
249	监利县大垸老年公寓	2016/4/1	直接登记
250	监利县弘济口腔医院	2016/4/25	监利县卫生和计划生育局
251	监利县中小学生社会实践基地	2016/5/30	监利县教育体育局
252	监利县英才学校	2013/8/29	监利县教育体育局
253	监利县分盐镇金秋幼儿园	2016/7/6	监利县教育体育局
254	监利县弘源学校	2016/8/24	监利县教育体育局
255	监利县朱河镇启蒙幼儿园	2016/11/10	监利县教育体育局
256	监利县程集镇廖桥幼儿园	2016/11/10	监利县教育体育局
257	监利县尺八镇嘉贝幼儿园	2016/11/16	监利县教育体育局
258	监利县周老嘴镇新河口幼儿园	2016/12/21	监利县教育体育局
259	监利县容城镇雨花幼儿园	2016/12/21	监利县教育体育局
260	监利县分盐镇春蕾幼儿园	2016/12/21	监利县教育体育局
261	监利县新沟镇晏桥幼儿园	2016/12/21	监利县教育体育局
262	监利县红城乡红星幼儿园	2016/12/26	监利县教育体育局
263	监利县荒湖农场春芽幼儿园	2016/12/26	监利县教育体育局
264	监利县红城乡红城幼儿园	2017/1/3	监利县教育体育局

续表

登记证号	名称	成立时间	业务主管单位
265	监利县周老嘴镇施家幼儿园	2017/1/3	监利县教育体育局
266	监利县尺八镇陶市幼儿园	2017/3/21	监利县教育体育局
267	监利县朱河镇家宝生态幼儿园	2017/5/11	监利县教育体育局
268	监利县尺八镇郭段幼儿园	2017/4/5	监利县教育体育局
269	监利县柘木乡薛潭幼儿园	2017/5/18	监利县教育体育局
270	监利县黄歇口镇小清华幼儿园	2017/6/29	监利县教育体育局
271	监利县黄歇口镇希望幼儿园	2017/6/29	监利县教育体育局
272	监利县容城镇睿智幼儿园	2017/8/18	监利县教育体育局
273	监利县黄歇口镇翱翔幼儿园	2017/8/18	监利县教育体育局
274	监利县泓海艺术馆	2017/9/22	监利县文学艺术界联合会
275	监利县文化幼儿园	2017/11/2	监利县教育体育局
276	监利县粮食幼儿园	2017/11/20	监利县教育体育局
277	监利县周老嘴镇周老街中心幼儿园	2017/11/20	监利县教育体育局
278	监利县朱河镇小不凡幼儿园	2017/11/20	监利县教育体育局
279	监利县温暖池塘社会工作服务中心	2017/12/18	直接登记
280	监利县荆南学校	2018/1/9	监利县教育体育局
281	监利县福田寺镇双喜幼儿园	2018/1/9	监利县教育体育局
282	监利县红城乡粮食幼儿园	2018/1/9	监利县教育体育局
283	监利县新沟镇杨林关幼儿园	2018/2/5	监利县教育体育局
284	监利县新沟镇光明艺术幼儿园	2018/2/5	监利县教育体育局
285	监利县黄歇口镇黄歇社区幼儿园	2018/2/5	监利县教育体育局
286	监利县福星老年病医院	2018/3/14	监利县卫生和计划生育局
287	监利县分盐镇皇蓬腾龙学校	2018/4/26	监利县教育体育局
288	监利县容城镇书香幼儿园	2018/4/26	监利县教育体育局
289	监利县红城乡新星幼儿园	2018/5/21	监利县教育体育局
290	监利县朱河镇下车湾老年公寓	2018/11/5	监利县民政局
291	监利县楚恒职业技术培训学校	2019/4/4	监利县人力资源和社会保障局

续表

登记证号	名称	成立时间	业务主管单位
292	监利县朱河镇君康养老院	2019/5/6	监利县民政局

资料来源：监利县民政局。

从监利社会组织的隶属关系上看，可以部分地证明中国的社会组织与公共体制是一种相互嵌入的合作关系。改革开放后，尽管社会结构发生了如上所述的变化，但这并不意味着就有了一个公共权威之外的社会领域及其社团组织形式。或者说，在中国的历史与社会情境下，社会组织从来都是体制外的一个存在，它主要发挥两种功能和作用：作为"民"的一部分，它获得一种社会自组织形式；作为"私"的一部分，它成为国家统治的辅助形式。这两种存在形式不必然会带来对立和冲突，部分地是由于两者是一种可以相容、可以转换的关系。

在对监利所做的问卷调查中，我们能够清晰地看到，当所在社区（村）里发生矛盾纠纷时，民众认同的解决主体或途径，依然是传统的自治组织和政府部门，这种趋势在优先选择项和总体表现上具有一致性（见表10）。从现实发展的趋势看，公共社会的发展如果不能容纳分化的、原子化的个体和多元的利益群体，或者说，如果没有一个全社会都能接受的公共规则或最大公约数比如"公民"或"公共社会"这样的基本共识，就会不断涌现社会分歧、权利意识和主张，公共领域就会汇集这些多元的、分歧的"公众意见"并对公共体制提出权利要求并形成压力，基于契约关系的社会成员共同体将会得到不断的发展和上升，进而要求将社会治理建立在保障个人权利和社会权利的基础上，而不是建立在权力支配或依附关系的基础上。

表 10　　民众对公共组织和社会组织的认同比较

		第一选择		第二选择		总体情况	
		频率	有效百分比（%）	频率	有效百分比（%）	总频率	百分比（%）
有效	①村、居委会	326	66.3	49.0	10.4	375	39.02
	②调解组织	39	7.9	85.0	18.0	124	12.90
	③政府机关	59	12.0	196.0	41.5	255	26.53
	④物业管理人员	7	1.4	48.0	10.2	55	5.72
	⑤自行解决	61	12.4	91.0	19.3	152	15.82
	合计	492	100.0	469.0	100.0	961	100.00

数据来源：中国社会科学院政治学研究所"地方政府治理现代化"创新项目组于 2018 年 3 月对湖北监利的调查问卷。

因此，观察和分析中国的社会组织特性，不能忽略作为历史参与者和社会行动者的主体——中国官员、学者和大众的主观认知取向。那么这是否意味着中国的社会组织面临两个不确定的发展走向：一方面，中国社会组织只有在国家权力框架下才能获得自我协调和自我建构的意义；另一方面，中国社会组织能否成为连接公共体制与个体的一个中介形式，通过私人之间的自由结社，对公众话题的讨论和对公共事务的关注和参与，并影响或者决定公共体制政策的形成，发挥社会治理主体的功能作用。这取决于如下方面：

第一，现代意义上的社会组织如何根据中国"自己的条件"来发展并重新定义其现代性含义。近现代以来西方社会的发展经验表明，公民社会组织（civil society organizations）对于民主社会的权利实现和秩序稳定具有积极的、不可替代的功能作用。那么，对当代中国社会组织的认知或定义，就不能忽略行动者的观念世界，它需要置于作为历史的参与者和社会行动者中国官员、学者和民众关于社会组织以及国家与社会关系的理解和观念当中。但核心的问题是国家与社会关系必须确立在宪法意义的权利关系上，这涉及政治领域、社会领域、经济领域之间密不可分的结构性制约（或支配从属）关系，以及如此能否使中国的社会组织重新获得理解和现代建构含义。

第二，对中国社会组织的现实属性认识，必须考虑到中国的社会与国家关系具有同构性、互融性和互嵌性这一历史文化特性。因此，对这一历史文化特性的现代再造既需要结合本土的概念范畴也需要借鉴新的社会理论视角，比如，国家社会相互赋权（mutual erpowerment）和相互形构（mutual transformation）的国家与社会关系理论①就非常有启发性，这个理论平衡地看待国家和社会在发展中的作用，既看到国家对社会的影响，也不无视社会对国家的影响，国家、社会也可以相互赋权，两者处于一种相互转化的关系之中；再比如，法团主义的理论取向，针对多元主义结构中的冲突和协调问题，希望通过建立一个稳定的、良好控制的、具有广泛联合能力的体制，让社会从激烈的团体冲突中解脱出来，有序地将社会利益组织、集中和传达到国家决策体制中去，这能够促进国家和社会团体的制度化合作。② 从中国社会组织的"官民二重性"特性上看，（设若）上述理论可以在中国翻版，那也一定是中国历史与社会情境下的社会组织理念和形式。

　　第三，无论是在人们的历史意识还是在人们的社会认知当中，中国都是一个国家主导型的社会，国家本位、权力本位、社会嵌入（依附）国家的观念等，这些历史文化意识，在现实的政治发展过程中不是被弱化而是不断地被强化，因此，只要全能主义治理逻辑不变，我们就不能够给中国的所谓"公民社会"的

---

　　① ［美］乔·米格代尔：《强社会与弱国家——第三世界的国家社会关系即国家能力》，张长东等译，江苏人民出版 2012 年版，第 11—43 页。

　　② 参阅张静《法团主义》，东方出版社 2005 年版。

有无做出一个令人信服的概括，也因此就不能对中国的社会组织在"公共社会"的意义上进行讨论并做出重新定义。

第四，必须正视今天的国家所嵌入的社会环境——异质的、分化的社会结构，公共体制以控制和集中来应对分散和多元的社会组织发展和成长，不可能带来可以容纳各种社会力量的秩序形式，从一体化的单位社会到多元化的公共社会，这是全能主义权威秩序必须做出改变的结构条件。或者说，公共社会带来的分裂和极化对于公共体制吸纳和安置现代社会多样性和差异性的能力构成巨大挑战，并且随着社会分化、社会变革的深入展开，这种结构性的张力所揭示的关键问题就指向了如何对待中国社会组织的现代再造及其建构意义。

六 基于政治与文化联系的现代公共精神内涵

在这一部分,我们将综合以上的讨论,从政治与文化这两类组织化力量和联结方式对于公共社会的内聚作用,来对现代公共精神的形成及其特性进行概括和阐释分析。而且我们认为,只有从政治联结纽带和文化联结纽带进行概括,才能揭示现代公共精神形成的核心内涵及其实质意义。

也就是说,建构现代公共精神,首先,要在个体与公共组织(政府)之间建立现实权益联系。其次,让"行动"的公共领域在价值共享的基础上能够成为可以自由、平等辩论的空间,成为公共意见(价值分享)达成的基本保障条件。最后,要将公共体制与社会成分关系法治化,它是保障个人自治权和社会自治权的制度化形式。

（一）公共精神的政治关联

政治权益关联是公共精神凝聚力得以形成的核心要素之一。这个判断部分来自监利的问卷调查，它表明对于政府供给公共服务均等化状况的变化情况，被调查群体普遍认为均等化趋势向好，仅有不到40%的群众认为公共服务均等化没有变化或恶化。这部分地说明，政府在建立与民众的政治权益关联上所发挥的主体性作用。那么，如何促成公共组织（政府）与个体民众建立密切相关的政治权益关联，这是一个政府治理现代化问题，也就是说，我们必须把监利公共精神的政治关联性放置于政府治理现代化的框架当中来讨论和概括，因为后者是现代公共精神形成的基本制度条件。

第一，政府、社会、市场等领域的多中心公共治理主体的形构。基层治理的多元主体建构，关键是政府权威角色、性质及其与被治理者关系的变化。政府提供公共产品，最主要的是安全与公正，并确保国家与公民之公共事务的制度化关系。其权威源于对公民权利的保障和公共秩序的法治关系维护。同时，基层治理非政府所能包办，也就是说，基层治理要达至"善治"（good governance），需要来自其他系统如社会、经济和文化层面诸要素的支持，社会自治以及公共社会建设正是基层公共治理结构的基础部分。这个基础部分的主体就是社团组织，包括市场和社会的自治组织，其权威确立在成员的授权和成员的支持上。

进一步讲，基层治理的多元主体建构，首先是权威治理原则的改变。政府要成为公共事务、公共财政的管理部门，这个转变反映在公共权威与公民关系的变化上。核心的问题是，政府的公共性问题，即政府决策、政府管理、政府服务的"公共性"建构问题，包括三个方面：一是公共参与的制度化，涉及政府政策信息的公开透明，以及公民个人及社会组织参与渠道制度化建设。二是公共财政建设。涉及承担运用法律保障经济自由与激励的任务，通过新的权力分配保护经济自由，为高效、合法的交易提供安全。三是政府与社会的法治关系。一方面，明确和限定政府的有限职能，即建立一种有限政府的权力结构，并依此来不断调整国家与非国家组织和团体的关系；另一方面，社会自治组织是公共秩序不可替代的利益组织化形式，它受法律、法规以及社会规范体系的限制和约束。

其次，社会自己管理自己。社会自治是社会成员通过社群的集合体共同行使自治权即"自己统治自己"的社会治理形式。在这个意义上，社会自治应放在公共领域的框架中来讨论，因为，社会自治体现了公共领域的本质意义。一方面，公共领域在社会公共生活中扮演重要的角色，形成了多元社会权利对国家权力的分享和制衡，能够遏制公共权力的专断倾向；另一方面，公共领域由介于国家与个人之间的中介组织——社会自治组织和团体——所组成，公共领域以及具有非营利性、民间性、志愿性和自治性的社会组织在应对"市场失灵"和"政府失灵"方面发挥着积极作用。要实现上述两个方面的目标，就要规范国家、政府行为和建设自主自治的公共领域，处理好政府管理与社会自治的关系，换言之，个体和公共体制建立制度化关联并有效发挥联结、代表、协调和应责作用，其意义在于，它广泛影响着个体的生存利益，比如，依靠公共制度解决问题、避免相互损害的能力，通过代表增强自身力量的能力，寻求公共衡量标准、要求权威机构帮助的能力。[1] 无疑，这一切都要落实在公共体制与社会之间的内在互动关系上。

最后，市场主体参与治理。市场经济促成了平等自治的契约关系、法治原则、自治原则和民主发展进程。[2] 市场自组织是形成市场秩序的基本因素，一方

---

[1] 张静：《通道变迁：个体与公共组织的关联》，《学海》2015年第1期。

[2] 参见邓正来《中国市民社会研究的研究》，载邓正来、[英]杰弗里·亚历山大主编《国家与市民社会——一种社会理论的研究路径》，上海人民出版社2006年版。

面，市场主体形成联合形式，成为内生型的利益集团组织，约束成员和规范市场行为，在政府与个体之间起到沟通和协调作用，即防止政府公权力的不当干预行为；另一方面，也约束成员损害市场秩序和社会秩序的行为。市场主体参与治理，即市场利益共同体成为连接国家和社会两方的协调性经济组织，有了更多的自主性地位和权力，这意味着国家和社会两边的权力平衡发生了变化。尽管目前它们影响决策的程度有限，但这类经济组织毕竟获得了重要的中介地位，带来了国家和社会关系的新变化

第二，重构主体社会。主体社会是指一个政治共同体内的介于国家和个人之间的领域，它由相对独立而存在的各种各样的组织和团体所构成，这些组织和团体包括家庭组织、宗教团体、工会、商会、学会、学校团体、社区和村社组织、各种娱乐组织和俱乐部、各种联合会和互助协会等。主体社会是在国家权力体系之外自发形成的一种自治社会，以其独立性和制度化为特点，按照不同的组织方式和行为规范将单个的个人组织在不同的"次级社会共同体"中。主体社会关涉两个领域：一个是建立在个人从事经济、文化和社会活动的基础上。各种非政府组织、志愿性社团、慈善组织、社区组织、利益团体构成了主体社会的基本元素。在这个公共领域中，社会本着自我组织、自

我规制的原则，在法治和民主协商的框架下自主运转。另一个是规范领域，即面对市场的侵蚀，社会本身展开动员，产生出各种社会规范和制度安排，诸如工会、合作社、争取减少工作时间的组织、争取扩大政治权利的运动等，以此来抵御和规范市场。进一步讲，主体社会表现为社会当中存在不同层次、不同类型的组织实体。哈贝马斯指出，对于主体社会来说，"构成其建制核心的，是一些非政府的、非经济的联系和自愿联合，它们使公共领域的交往结构扎根于生活世界的社会成分之中。组成公民社会的是那些或多或少自发地出现的社团、组织和运动，它们对私人生活领域中形成共鸣的那些问题加以感受、选择、浓缩，并经过放大之后进入公共领域"[①]，也就是说，社会主体性是指社会的自治与自律，即将社会作为自组织的、自治的主体。社会结构是社会主体性的基础，社会组织是社会主体性的载体，而社会制度则是社会主体性的保障，其终极目标则是形成建立在有限的政府、有边界的市场与自组织的社会三者之间相互制衡与良性互动基础之上的多元社会治理模式。[②] 换言之，这样的社会是一个由社会自治组织构成的主体，或者说，这样的

---

① ［德］哈贝马斯：《在事实与规范之间：关于法律和民主法治国的商谈理论》，童世骏译，生活·读书·新知三联书店 2003 年版，第 31 页。

② 郭于华：《克服社会恐惧症》，《社会学家茶座》2011 年第 2 期。

社会由各种公民自组织所构成,并以有组织的联合方式——利益凝聚机制和民意表达机制,参与社会治理当中。

第三,自治权的法律保障。重塑现代公共精神必须让社会自治组织发展壮大。自治是一种权利,一方面,个人有决定自己事情的权利,即个人自治权。另一方面,社会自治是个人自治的联合和延伸,即社会自治权。反过来讲,没有个人自治权和社会自治权,社会团体在法律上就不能自行处理自身的公共事务,基层社会自治就发展不起来。另外,从法理上讲,在个人权利与国家权力的关系中,"个人权利虽然是基础和本源,却十分脆弱,它既需要国家权力的保护,又极易遭到后者的侵犯。这样,如何约束国家权力,不使其过度夸张,或者当其侵犯个人权利时,能够有一种势力与之相抗衡,就成为一个非常重要的问题"[①]。因此,自治权的法律保障涉及两个方面:一方面,社会自治遵循法治原则,以尊重和保护社会成员的基本权利为前提;另一方面,国家为社会自治提供制度性的法律保障,即对社会自治活动确立人人适用的普遍法律规则。所以,法治是社会自治制度化的保障,是社会共同体存在的基本条件。

---

① 梁治平:《市场·国家·公共领域》,《读书》1996年第5期。

（二）公共精神的文化关联

人类的社会属性决定了人们要过一种公共生活，为此人们建立了共同体。共同体的成员之间有某些共享的资源或者有某些共同的目的，或者两者兼有。比如，社会学上常用"成员体系"概念来解释人们共同体连接的各种构成要件。① 每个社会都存在成员体系的组织化现象，比如家庭、宗族、种族、地方体、阶级、身份团体、单位组织和国家，都是某种成员体系，而个体成员分属于一系列可能相互关联或可能相互分离的组织中。但这还不够，共同体还必须建立基于公共意志的制度规则，后者规定共同体成员的权利和义务，即对成员的义务要求，以所赋予的权利为基础，并且与权利相对应。② 所以，维护共同体存在的公益和规则，及其体现的伦理要求比如友爱与公正、正义或者等级、身份、地位等，③ 构成共同体的伦理文化的价值规定，由此形成人们共同体的公共精神。

---

① Roger V. Gould, Patron Client Ties, "State Centralization, and the Whiskey Rebellion", *American Journal of Sociology 102*, September 1996, pp. 400–429.

② ［美］罗尔斯：《正义论》，何怀宏等译，中国社会科学出版社1988年版，第3页。

③ ［德］马克斯·韦伯：《经济与社会》（下卷），林荣远译，商务印书馆1998年版，第246—262页。

在此，我们对监利公共精神形成的文化关联进行概括，但之前首先必须考虑到两个前提性的问题：第一，监利是一个农业大县，截至2018年底，监利县辖3个乡、18个镇、2个管理区、1个经济开发区、67个社区居委会、323个建制村，总人口156.6万。也就是说，监利的社会主体人口是生活在农村的村民，在文化意义上，监利是一个乡村社会，或者说，乡村共同体的公共伦理价值是监利人公共精神的底色。第二，监利文化传统特点。在融会了先秦文化、三国文化、红色文化、移民文化和水乡文化之后，监利文化形成了自己鲜明的特质。这既是勤劳智慧勇敢、自强不息的监利人民世世代代艰苦奋斗的结晶，也是凝聚监利人民团结奋斗的无形力量。

人类共同体的公共伦理建立在一定的经济形式和经济关系基础上。"人们总是自觉或不自觉地，归根到底总是从他们阶级地位所依据的实际关系中——从他们进行生产和交换的经济关系中，获得自己的伦理观念。"[①] 亦即公共伦理关系受到人们共同体的经济关系影响和制约。所以，聚落而居的乡村共同体是小农经济的基本特征，其公共伦理文化是家族伦理文化的放大形式，其中乡绅阶层发挥公共伦理的教化作用。工业文明的伦理文化建立在自由合意的契约关系上。

---

① 《马克思恩格斯文集》第9卷，人民出版社2009年版，第99页。

因此，从传统乡村的身份共同体到现代文明的契约共同体，成为近代以来中国乡村社会公共生活变迁的核心。

改革开放后，城镇化进程推动乡村社会文化变迁，在这一过程中，乡村公共体的公共伦理生活价值及其变迁意义在于：一是在国家权力并未触及乡村社会时期，乡村社会公共生活依靠旧有的乡村精英的道德示范作用、普遍的乡村信仰①等对乡村公共生活的整合与治理，乡村社会公共伦理是以正统、权威、宗族为核心要素的产生、表现以及再生的体系。二是在国家权力延伸至乡村社会后，传统乡村社会公共伦理文化与现代国家政治文化形成交融，形成特有的以国家主义/集体主义价值为取向的乡村社会公共伦理生活图式。三是市场化改革后，人员流动加速，乡村社会呈不断开放的状态。在这一阶段，乡村经济制度形式与传统乡村生活方式受到巨大的冲击，社会组织形式和社会联系方式都发生了结构性的改变，过去的乡村公共伦理文化逐步解体，乡村社会的组织化水平低下，公共

---

① 杜赞奇认为，20世纪的中国乡村，大众宗教不仅对乡村社会有着重要的影响，而且变化无常，但其影响着村庄内的每一个人。尤其是以村为单位的非自愿性宗教组织往往是村中唯一的全村性组织，村民会成为该组织的必然成员，例如供奉村庄守护神等拜祭活动（参见杜赞奇《文化、权力与国家：1900—1942年的华北农村》，江苏人民出版社2018年版）。

政治文化和公共伦理文化都处于无序且多元的变迁当中。

问题是，在乡村社会文化变迁和公共精神的重塑过程中，传统价值与现代价值如何调适，并通过价值重构，形塑乡村生活共同体意识和伦理文化的规范体系和意义体系，这是当前建构乡村公共伦理文化的核心部分。来自监利的调查问卷显示，在乡村社会文化的变迁过程中，最为重要的三个方面依次为"正派的社会风气""良好的家风""文化传统的影响力"（见表11）。因此，确认乡村伦理共同体的历史文化资源与建构新的乡村公共伦理文化，是重塑当前乡村公共精神这一问题的一体两面。

表11　　　　　　　　乡村社会文化变迁的影响因素

		第一选择		第二选择		总体情况	
		频率	有效百分比（%）	频率	有效百分比（%）	总频率	百分比（%）
有效	①良好的家风	155	31.8	39	8.0	194	19.90
	②淳朴的民风	102	20.9	75	15.4	177	18.15
	③正派的社会风气	153	31.4	151	31.0	304	31.18
	④文化传统的影响力	56	11.5	115	23.6	171	17.54
	⑤和睦的邻里关系	22	4.5	107	22.0	129	13.23
	合计	488	100.0	487	100.0	975	100.00

数据来源：中国社会科学院政治学研究所"地方政府治理现代化"创新项目组于2018年3月对湖北监利的调查问卷。

在乡村社会公共伦理和公共文化变迁过程中，监利党政系统把握政治社会大趋势，加强社会治理和社会动员能力，试图在国家意识形态或社会文化方面与监利民众建立新时代的文化关联。

第一，开展"三大战役"，全覆盖学习宣传宣讲习近平新时代中国特色社会主义思想和党的十九大精神。一是大学习。通过传达学习，上送学习培训，"党员活动日"专题学习，举办封闭式学习班等系列活动，实现了党员干部和党外人士全覆盖学习。二是大宣传。县域媒体套红套彩，开辟专版专栏42个全方位宣传报道；在县城区和各乡镇建设党的十九大精神宣传长廊；组织文艺工作者编排系列文艺节目开展文艺宣传，营造了浓厚氛围。三是大宣讲。通过中央、省、市、县、乡分层分级宣讲，实现了党的十九大精神进企业、进农村、进机关、进校园、进社区、进军营、进网络。

第二，开展"三大活动"，压实意识形态工作责任。一是开展专项督查。县委成立8个督查小组，对全县意识形态工作进行了专项督查，下发问题整改清单115份，对1个单位党组进行了问责。二是开展网络秩序专项整治行动。通过召开动员会，举办学习培训班，约谈自媒体，打击造谣传谣网民，行政拘留，24小时监测研判处置敏感舆情等行动，对县内比较活跃的34家自媒体进行了集中整治，规范了信息发布秩序。三是开展文化市场专项整治行动。通过组织排查书店、车站码头等重点场所，收缴非法出版物，集中开展"扫黄打非"，公安机关打击污损破坏公益广告宣传行为等系列整治行动。

第三，聚焦主题宣传，进一步唱响主旋律。一是外宣营造强大发展气场。先后在省级以上主流新闻媒体发稿650余篇（条），营造了良好发展环境。二是专题宣传打造品牌。举办的面点节、小龙虾节、黄鳝节宣传铺天盖地，"中国面点师之乡""中国小龙虾第一县""中国黄鳝美食之乡""中国黄鳝特色县"等金字招牌进一步擦亮。大型纪录片《中国影像方志·监利篇》在央视播出，全面宣传推介了监利，树立了良好形象。三是典型宣传引领社会风尚。集中宣传推介了全国、省、市、县级道德模范40多名，组织开展了第五届最美监利人和首届监利工匠评选表彰活动，营造了良好社会风尚。

第四，着力"常""长"，文明创建结硕果。一是培育和践行社会主义核心价值观。在乡镇和县城区公共广场、交通干道等公共场所，重点加强社会主义核心价值观、中国梦、文明礼仪、志愿精神、移风易俗等公益广告宣传，实现了无缝隙、全覆盖。二是文明细胞创建成果显著。监利县先后荣获国家园林城市、省级卫生城市和省级文明城市称号；县人社局荣获全国文明单位；新沟镇荣获全国文明村镇，向阳村、花园村荣获全国文明村。三是"人情风"治理收效明显。通过发放抵制"人情风"倡议书、成立村（居）红白理事会，修订完善《村规民约》《居民公约》等措施，树立了节俭办事的文明新风。

第五，聚力文化事业和文化产业，推动文化不断发展繁荣。一是文化事业产业发展有突破。建设县文体中心项目，泓海艺术馆顺利开馆，横店电影城开业。二是大力打造文化品牌。努力创建"中国书法之乡""中国诗词之乡""中国楹联文化县"。三是群众性文化活动活跃。开展"文化惠民、免费看戏""戏曲进校园""公益电影放映"文化惠民活动。

监利的上述做法使公共组织（政府）与个体的价值关联建立起来，并且在公共危机事件中得到了很好的检验。尽管监利处于传统乡村文化向现代文化转型过程中，但这不是说监利的文化特性不具备现代公共精神重塑的一般意义，因为任何共同体的文化价值关联遵循一个基本的结构元素，那就是公共精神的建构必须基于政治与文化的联系之上。

七　现代公共精神的重塑：
监利的启示和示范意义

来自监利的报告表明，在"东方之星"客轮翻沉事件公共危机中，监利人民所展示出来的公共精神，其所昭示的意义就在于：公共组织（政府）与个体民众紧密相关的现实政治权益联系以及基于深厚的历史文化传统上的共同体意识，乃是现代公共精神的源泉和力量所在。在这个意义上，监利基于政治与文化联系基础上形成的现代公共精神，就具备了当今中国社会转型时期的基础价值建构意义。调查问卷也不同程度地印证了这一点，即目前当地居民对政府职能转变满意度水平相对较高，处于中等偏上水平；但是对于政府与社会职责划分的评价相对最低（见表12）。也就是说，监利个案对当前中国社会公共生活中的公共精神，是一个具有普遍性的佐证，因为我们能够从中概括和提炼出当今中国公共精神的核心元素，并且，我们认为这些核心元素对当今中国社会的公共领域的发展和公共精神的建构具有广泛的、现实的政策启示和示范意义。

表12　公共组织（政府）与民众关联度测量

	个案数	最小值	最大值	平均值	标准差
现在政府部门办事效率提高了、服务态度好转了	488	1.00	6.00	4.4754	1.29102
现在老百姓办事容易了，各种管理审批减少了	488	1.00	6.00	4.3975	1.32336
政府还是管得太多，有些事完全可以交给市场和社会组织去承担	488	1.00	6.00	3.8176	1.64058
政府现在提供的公共服务还是比较符合老百姓需求的	486	1.00	6.00	4.4671	1.20392
在依法行政方面，政府现在做得还是比较好的	487	1.00	6.00	4.6201	1.24946
在政府提供公共服务的过程中，老百姓参与的机会正在增多	487	1.00	6.00	4.5914	1.29552

数据来源：中国社会科学院政治学研究所"地方政府治理现代化"创新项目组于2018年3月对湖北监利的调查问卷。

在讨论之前，还需再次强调一下，监利是一个农业大县，也就是说，监利的公共精神特质带有非常鲜明的经济社会转型特点，即从传统的农业社会向城镇化转变的特点，它的乡土文化特性与现代城市文化具有非常清晰的区分，但必须指出的是，基于政治权益关联和文化价值关联的公共精神，无城乡之别，也就是说，共同体生活的方式和生活意义也许不同，但构成社会公共生活的实质关联，一定是基于政治权益和文化认同之上。

进一步讲，现代公共精神建基于将一个国家的公民共同体凝聚起来的两个纽带——政治纽带和文化纽带。所谓政治纽带，乃以国家、团体、个人的权利配置等抽象关系组成联合体，根据对权益配置的同意及约束形成内聚。所谓文化纽带，乃以家庭、家族、宗族、村社共同体、种族、民族等具体关系组成联合体，根据共享的历史、血缘、地缘、语言等因素形成内聚。因此，本报告围绕着政治与文化这两个联结公共领域的凝聚纽带，对监利人民的公共精神展开讨论，试图辨识政治纽带与文化纽带如何把个体民众与公共组织（政府）密切联结起来，其所揭示的公共精神的本质如何贯穿于监利人民公共精神的建构当中，并指出监利人民公共精神对构建新时代中国社会公共生活方式和公共精神所具有的示范或启示意义是什么。

（一）公共生活方式与公共精神

当今中国公共精神的型构，既是改革开放以后发生的经济社会变迁的背景，同时也是建构当今中国公共精神的制度改革和逻辑展开形式。作为一个县域乡村社会，监利尤为典型。进一步讲，改革开放以来，中国乡村社区伦理共同体的形成是基于传统农村共同体的逐渐解体，是经济制度形式与传统生活方式受到巨大冲击的结果。比如，在乡村社会，基于地缘、血缘和亲缘基础上的传统共同体的特殊主义关系逐渐加入普遍主义的现代文化元素。它揭示的公共生活意义在于，传统乡村伦理共同体的解体过程，也是新的农村社区伦理共同体的建构过程。在上述意义上，监利个案代表了一种从传统乡村社会公共文化向现代公共社会文化变迁的主要特征，因此监利个案也就具有了一般性的意义。所以从监利个案中，现代公共精神的再造可以概括出如下社会基础特征和制度变革特点。

第一，乡村社会从封闭逐渐走向开放。市场化改革打破乡村社会原有的封闭状态，一是城乡资源要素的流动与城乡文明的交融与共享；二是伴随着人口和资源的流动，乡村不再是封闭的社会。也就是说，城乡之间资源要素的流通，以及城市扩张与城乡一体化进程，使得村庄的行政边界、社会边界、经济边界和文化边界都发生了相应的变化，逐渐打破在传统"熟人社会"基础上形成的归属感与同质性。在这个开放的过程中，传统乡村公共生活形式与公共伦理文化发生改变，比如契约意识、公民意识、权利意识的发育和成长，带来了异质性和多元性的变化。

第二，乡村社会联系方式发生了变化。传统乡村社会共同体的公共伦理文化特点，是初级群体的社会联系方式。有两层意涵：一是指乡村共同体将乡村社会的以伦理主义文化为核心的初级组织（以血缘、亲缘或拟血缘、亲缘关系为基础形成的小圈子或小团体如同门同乡、把兄弟等）复制到城市社会中来；二是指农村的乡土文化与农民工群体存在一种文化传承和沟通的"脐带"关系，本质上是乡土文化。这些变迁当中的文化特质对乡村社会共同体的公共伦理文化影响是直接的，即传统的公共伦理文化处于解体和衰落当中，但新的乡村公共伦理文化又处于难以产出的建构当中。

第三，乡村公共伦理文化受到如下历史文化逻辑的支配和影响：一个是传统乡村社会以私人道德为核心的"差序格局"的文化逻辑影响，后者是公、私界限混合的人际关系处理方式，即差序格局的"关系圈子"；一个是现代社会以法治（或团体）精神为核心的"团体格局"共同体逻辑影响，后者是"平等的权利，统一的规则"的契约关系。这两种历史文化逻辑在并存的同时，也在发生显著的变化，体现在从差序格局文化转型为团体格局文化的涵化上。

总之，传统乡村伦理建基于个体特殊信任的互惠网络之上，在今天，这种传统社会伦理关系正在发生基于自由合意所产生的契约关系的变化，这种变化的公共伦理意义在于，"在一个只重身份的社会里，把社会成员团结在一起的可以是各种不同身份本身所具有的权威和强制性。但在一个需要相互协作的社会里，能够把无数独立而平等的个人维系在一起的纽带却只能是法律的。只有法律这种非人格化的制度才能做到一视同仁地对待每一个人。实际上，契约关系中个人的平等也只能是法律上的平等"①。这是现代公共伦理共同体的个人主义文化价值或社会关系的精髓所在，却也正是传统社会关系所缺少的东西，后者的一切价值确立在以"己"为中心的自我主义和人身依附关系上。但乡村社会公共生活形式的变化，对传统乡村公共伦理文化产生了结构性影响。一方面，工业化、城镇化和城乡一体化加速发展，在传统意识与现代城市文明不断交融与接纳的同时，农村生活方式和农村文明又不能融入城市公共生活方式和城市文明当中。另一方面，传统乡村公共伦理文化式微，乡村伦理共同体的转型与重塑，主要依赖个体与乡村间的密切归宿意识与建立在特殊主义基础上的公共意识，并在此基础上形成社区伦理共同体精神。

---

① 梁治平：《从身份到契约：社会关系的革命——读梅因〈古代法〉随想》，《读书》1986年第6期。

（二）现代公共精神的建构含义

来自监利的报告表明，当前公共精神的建构，乃是对已发生的公共领域变迁和公共精神变化的一种整合与调适，是为社会公共生活与公共领域的发展提供一种内在支撑。在这个意义上，所谓现代公共精神建构，实质上是一种文化变迁，后者发生在一定的社会环境和社会文化背景当中，受政治经济社会因素的影响和制约。文化变迁的发生，有两种情况：一是内部因素促成，比如文化创新（生产力和生产方式的革命性变革等）的结果；二是外部因素促成，比如文化传播（新的价值观念和生活方式的影响等）的结果。文化变迁的方式，也有两种情况：一是自然演进，一般是指适应与涵化的过程，比如内部新元素或外部新元素不断积累的结果；二是规划的变迁，一般是指规范与秩序的建构过程，比如通过社会改革的方式推动的结果。从监利调查问卷结果看，有关道德建设对基层社会治理的影响作用，被调查对象认为产生显著效果的主要表现在"对群众进行思想宣传教育"和"良好的社会风气"两个方面。尽管在第二备选中"组织开展多种文化活动"也被提及，其在总提及排序上，仅有16.14%的被调查者对其认可。因此，从监利所展现的公共精神实质上看,如何将凝聚公共领域的政治纽带与文化纽带熔于一炉,乃是建构当前中国公共生活方式和公共精神的崭新课题,也是当今中国公共生活伦理价值建构的本质含义。

表13　　　　社区(村)治理中公共道德建设的影响因素

		第一选择		第二选择		总体情况	
		频率	有效百分比(%)	频率	有效百分比(%)	总频率	百分比(%)
有效	①对群众进行思想宣传教育	295	60.2	45	9.3	340	34.94
	②在当地评选道德模范	33	6.7	53	10.9	86	8.84
	③良好的社会风气	125	25.5	125	25.7	250	25.69
	④组织开展多种文化活动	18	3.7	139	28.6	157	16.14
	⑤良好的社会公德	19	3.9	121	24.9	140	14.39
	合计	490	100.0	483	100.0	973	100.00

数据来源:中国社会科学院政治学研究所"地方政府治理现代化"创新项目组于2018年3月对湖北监利的调查问卷。

第一,从政治权益关联的制度化关系着手。乡村公共伦理文化的形成与发展是在人们关注乡村社会公共生活中的价值基础与内在诉求,是乡村社会公共生活对于村民公共权利的整合与发展。乡村公共伦理文化的建设价值追求是在引导人们从关注理性与逻辑的乡村硬件建设的基础上,转向对社区居民的公共权利与公共生活的发展,亦是生命个体本身发展的关心。

从这个意义上来讲，乡村公共伦理文化的建设与发展，就在引导人们从关注私人情感到公共性与普适性的转变中。要求乡村公共伦理文化在建设的方向上：一是要注重乡村公共伦理文化的价值建设。通过乡村社会公共生活对乡村社会中伦理价值建设，是对乡村中的人际关系、个人与家庭、个人与社会以及基层社会与国家之间的稳固的伦理安全感的建设与强化。二是注重对乡村公共生活的制度建设。尤其是针对农村社区而言，其是传统与现代相结合的产物，伦理型文化传统对农村社区具有深层次的内在影响，如若对农村社区伦理建设的认识仅停留在"精神文明"建设层面，则不足以给予社区成员带来公共价值和方向感。

第二，建构现代公民文化认同联系。乡村公共伦理文化的发展是从注重乡村公共生活的秩序建设向乡村个体在公共生活中扮演中心角色的发展转变。但农村社区整体发展仍不同程度地受公共组织（政府）支配而处于依附性关系当中。建设有充分行动能力的社会组织或社会团体的重要意义具有对乡村公共生活的形塑功能。因此，一是强化乡村社会组织建设。通过乡村社会组织的活动，动员农村社区居民参与乡村公共生活，凝聚乡村认同感，在社会组织活动中形成与强化公共认同，使乡村社会个体对社区具有归属感和内聚力。二是充分开发、利用乡村社会的传统伦理资源，通过开发与利用，实现对社区成员个体的文化传统的建构与强化。建构传统乡村伦理与现代社会文化相结合的乡村公共伦理文化的建设之路，必须与历史文化资源联系起来。

乡村公共伦理文化建设需扎根于乡土文化的传统伦理与现代社会契约意识的结合上。所以，以建设"人的社区"为目标的乡村建设，一是在标准化乡村建设与发展的基础上，注重社区公共生活建设；在城镇化的过程中，注重乡村社会特点与特色的保留，注重乡村文化与城市文明的交融，建设具有公共伦理精神的乡村社会生活共同体。二是推动乡村居民参与制度化，通过对乡村社会公共事务与公共权利的参与及分享，构建以家庭伦理、乡村伦理、现代社会公共伦理精神为纽带的农村公共伦理生活建设。在一定意义上讲，共同体的公共生活与公共伦理文化互为表里，从监利的问卷调查上看，当地居民的主观幸福感水平相对较高，处在中等偏上的水平（见表14）。换言之，建构乡村公共生活必以乡村公共伦理文化建构为先，后者的建构则必须制度建设、社会建设齐头并进，经济组织形式的变化，社会组织形式的变化，都会改变公共伦理文化的内涵和价值取向。

第三，公共精神建构要以塑造政治与文化的凝聚力为核心。公共精神的形塑，内化于社会公共生活的现

表14　　　　　　　　　　居民幸福感水平测量

	个案数	最小值	最大值	平均值	标准差
我的生活大致符合我的理想	487	1.00	7.00	4.6283	1.41256
我的生活状况非常圆满	487	1.00	7.00	4.5996	1.33558
我满意自己的生活方式	486	1.00	7.00	4.7716	1.32046
到目前为止，我都能够得到我在生活上希望拥有的重要东西	486	1.00	7.00	4.7037	1.39759
如果我能重新活过，我还会选择现在的生活	487	1.00	7.00	4.5626	1.59206

数据来源：中国社会科学院政治学研究所"地方政府治理现代化"创新项目组于2018年3月对湖北监利的调查问卷。

实政治权益关联和文化传统关联之中。当今，公共伦理文化缺失源于个体与公共体制之间不能建立政治联系和文化联系。因为公共组织（政府）还在用单位社会的利益组织化体系框架来治理社会，它的主要特征就是一种权力支配关系，但它无法解决公共社会的价值共享和利益共享问题。进一步讲，单位社会及其价值的解体，之后出现的公共领域为公共权力和初级社会组织所填充，这一方面表明社会治理的失败，另一方面也表明重构公共领域不能回到传统社会治理的身份认同联系当中。因为公共社会是一个流动的、异质的、分化的、多元的社会，在公共领域中的个体行动超越了（家庭主义的、熟人社会的特殊主义）具体关系而必须建立在以国家、团体、个人的权利配置等（契约社会的普遍主义）抽象关系之上。因此，个体与公共组织（政府）的联系要求必须建立在法治（权利保障）和政治权益（现实利益关联）的关联性基础之上。

异质与多元的社会需要一种政治关系或政治联系，以此来型构一种公共伦理文化。也就是说公共伦理文化的塑造需要有以下元素作为基础条件：一个是法治精神。法治是一种价值和生活方式，或者说没有现代公共法律，个体和公共组织（政府）就失去了基本的公共规则和规范，就不能建立在相互关联和相互约束的关系当中。二是文化历史联系，这是国家认同和政治认同的基础价值，但对于公共性社会关系而言，这种文化历史联系必须建立在（政治）现实权益的基础上，或者说，因为异质与多元，才有政治联系的必要，但这种政治联系不能建立在强制性的支配关系上，而是要建立在个体权利和社会权利的法律和制度保障上。监利问卷调查显示，对于政府职能转变感知中的依法行政维度，被调查者的认知主要反映在三个方面，分别是"对群众进行法律宣传教育""依法提供社保、医疗等公共服务"和"推行政务、财务公开"。其中，总体认知形成共识性的内容则主要集中于"对群众进行法律宣传教育"和"依法提供社保、医疗等公共服务"两个方面（见表15）。概言之，有了上述构成因素，公共领域的伦理文化就能够建构起来，它的益处，一是公民个体的权利保障和权利实现有了价值和意义，二是公共领域联合体的政治文化成为政权合法性的基础，个体与公共组织（政府）既有功能界分也有利益关联，并且互为支撑也互为制约。

表15　　　　　　　政府依法办事的社会关注度测量

		第一选择		第二选择		总体情况	
		频率	有效百分比（%）	频率	有效百分比（%）	总频率	百分比（%）
有效	①对群众进行法律宣传教育	248	50.4	42	8.7	290	29.74
	②在社区（村）设立了法律顾问	51	10.4	76	15.7	127	13.03
	③依法提供社保、医疗等公共服务	127	25.8	165	34.0	292	29.95
	④依法处理征地拆迁等问题	23	4.7	66	13.6	89	9.13
	⑤推行政务、财务公开	42	8.5	135	27.8	177	18.15
	合计	491	100.0	484	100.0	975	100.00

数据来源：中国社会科学院政治学研究所"地方政府治理现代化"创新项目组于2018年3月对湖北监利的调查问卷。

综上，能否完成公共精神的重塑，取决于能否从身份共同体向公共社会共同体的转型。这是指公共性社会关系性质的改变，包括三个方面：一是从身份社会到契约社会的转变；二是从伦理本位向个人本位的转变；三是从家族本位向社群本位的转变。因为当代社会出现的问题，不是个体自由不足，而是组织化不足造成的。① 因此，在社会自治的基础上实现乡村公共伦理文化的转型，把乡村社会秩序建立在自下而上的，以习惯、习俗、惯例、自治权为基础的自发社会秩序上。

这一切的认识和判断都来自这样一个社会事实，即传统单位社会治理无法解决当前公共社会治理的价值共享和利益共享问题，（所以）也不能在个体与公共组织之间建立新的文化和政治联系。前者以遍布社会领域的代理组织形式——"单位组织"——来取代（实质上是取缔）公共领域的社会联系，单位是政治单元、生产单元，更是一个治理单元，贯穿其中的是集体权利价值，换言之，个体不要求（也不会产生）公共需要，因为这一切都在"单位组织"里得到了解决，或者说，这样的社会结构没有"公共领域"，是一个国家与社会一体化的治理体系。后者是一个异质的、多元的社会，利益的分散造成权力的分散，公共政治成为可能甚至必需，个体行动与公共意见的达成一致的需要推动公共领域的出现，并且它一方面要维护社会成员的利益，另一方面（甚至是更重要的一方面）对公共权力形成约束。所以，公共领域才能成为公共权力合法性的来源和基础，这些都成为公共精神建构的利益共享与价值共享的基本条件。

---

① 张静：《法团主义》，东方出版社2015年版，第19页。

附录　地方政府治理现代化调查问卷

尊敬的先生/女士：

您好！为了解我国地方政府治理现代化发展的基本现状，中国社会科学院政治学研究所创新项目组邀请您参与我们的调查。请您以自填的方式回答下列问题，并将您认同的答案序号填入预留的括号中。本次调研结果仅用于科学研究，绝不会以个案形式对外公布，对于您的回答我们将严格保密。感谢您的大力支持！

第一部分

◆ 性别 [　　]
①男　　　　　②女

◆ 民族 [　　]
①汉族　　　　②少数民族

◆ 年龄 [　　]（周岁）

◆ 教育水平 [　　]

①初中及以下　　　　②高中（含高职、高专）

③大专及本科　　　　④研究生

◆ 政治面貌 [　　]

①中共党员　　②共青团员　　③群众或其他

◆ 您目前的家庭居住所在地在 [　　]

①农村　　②乡镇　　③县城　　④城市

◆ 您个人的月均收入 [　　]

①1500 元以下　　　　②1501—3000 元

③3001—5000 元　　　④5000 元以上

◆ 您家里的年收入能达到 [　　]

①1.5 万元以下　　　　②1.5 万元—5 万元

③5 万元—8 万元　　　④8 万元—10 万元

⑤10 万元以上

◆ 您家庭目前收入的来源主要是 [　　]

①农业生产收入　　　　②工资收入

③家庭经营收入　　　　④在外务工收入

⑤其他类型收入

◆ 您目前的职业是 [　　]

①务农　　　　　　　　②务农兼打零工

③在外打工　　　　　　④个体工商户

⑤企事业单位工作人员　⑥其他

第二部分

1. 您所在社区（村）提供的比较多的公共服务是哪几项？（可选择 3 项并根据其重要性排序）第一 [　　] 第二 [　　] 第三 [　　]

①体育健身器材和场地　　②文化活动服务

③养老服务　　　　　　　④社会治安

⑤弱势群体的救济　　　　⑥环境绿化

⑦幼儿托管

2. 您所在社区（村）里发生矛盾纠纷时，一般会找谁来解决？（可选择 2 项并根据其重要性排序）

第一 [　　] 第二 [　　]

①村、居委会　　②调解组织　　③政府机关

④物业管理人员　⑤自行解决

3. 在社区（村）治理中，您认为道德建设的哪些方面发挥了作用？（可选择 2 项并根据其重要性排序）

第一 [　　] 第二 [　　]

①对群众进行思想宣传教育

②在当地评选道德模范

③良好的社会风气

④组织开展多种文化活动

⑤良好的社会公德

4. 请您阅读以下题目，并根据自己的真实情况与想法，在相应选项后的数字上画"√"。（请不要错填或漏填）

	完全不可信	相当不可信	有点不可信	有点可信	相当可信	完全可信
您认为，目前党中央、国务院	1	2	3	4	5	6
您认为，现在的地方政府	1	2	3	4	5	6

5. 您认为当前为了增强群众安全感，需要重点采取哪些措施？（可选择2项并根据其重要性排序）

第一 [　　] 第二 [　　]

①增加警力和加强巡逻

②公正的执法和司法

③加强交通整治以减少事故

④迅速破案并严惩罪犯

⑤加强公共场所（学校周边、市场、车站等）治安防控

6. 您所在社区（村）参与管理和服务的有哪些类型的社会组织？（可选择2项并根据其重要性排序）

第一 [　　] 第二 [　　]

①治安巡逻队　　②调解组织　　③文艺队组织

④志愿者组织　　⑤环卫组织　　⑥其他组织

7. 对于以下表述，请根据自己的认识或感受在对应的数字上画"√"。其中，数字从1到7依次表示

"非常不同意"到"非常同意"。

	非常不同意	→					非常同意
当地政府的决策，离不开老百姓的参与	1	2	3	4	5	6	7
地方政府为公民的政治参与提供了多种有效的途径	1	2	3	4	5	6	7
有关政策讨论我会积极参加	1	2	3	4	5	6	7
我是基层群众自治的积极参与者	1	2	3	4	5	6	7

8. 您认为近年来政府提供公共服务的均等化水平有何变化？[　　]

①公共服务更加公平了

②基本没有变化

③公共服务均等化的差距更大了

9. 对于以下表述，请根据自己的认识或感受在对应的数字上画"√"。其中，数字从"1"到"7"依次表示"非常不同意"到"非常同意"。

	非常不同意	→					非常同意
现在，我得到了比以前任何时候都多的发展红利	1	2	3	4	5	6	7
我有参加在职培训的机会	1	2	3	4	5	6	7
老百姓也可以对政府的决策发挥影响	1	2	3	4	5	6	7
我能够以自己的智慧和力量参与发展与改革的进程当中	1	2	3	4	5	6	7
我总能在市场上找到自己喜欢的文化产品	1	2	3	4	5	6	7
我可以追求和实现自己的梦想	1	2	3	4	5	6	7

续表

	非常不同意 →→→ 非常同意						
目前，教育、医疗、住房等民生问题正在得到逐步解决和改善	1	2	3	4	5	6	7
目前，老百姓致富增收的效果越来越明显	1	2	3	4	5	6	7
我觉得我们国家的食药品安全、生态环境等情况正在朝好的方向发展	1	2	3	4	5	6	7

10. 在社区（村）治理中，您认为基层政府存在哪些需要改进的问题？（可选择3项并根据其重要性排序）

第一 [   ] 第二 [   ] 第三 [   ]

①不能依法办事　　　　②落实上级政策不到位

③决策不民主、不科学　④服务意识欠缺

⑤办事拖沓、脸难看　　⑥提供公共服务不够

⑦治理污染和保护环境不够

11. 在社会治理中，您认为政府依法办事主要体现在下列哪些方面？（可选择2项并根据其重要性排序）

第一 [   ] 第二 [   ]

①对群众进行法律宣传教育

②在社区（村）设立了法律顾问

③依法提供社保、医疗等公共服务

④依法处理征地拆迁等问题

⑤推行政务、财务公开

12. 请认真阅读下列五项描述，根据自己的认识和感受在每项描述后面相对应的数字上画"√"。（请不要错填或漏填）

	非常不同意	不同意	有点不同意	中立	有点同意	同意	非常同意
我的生活大致符合我的理想	1	2	3	4	5	6	7
我的生活状况非常圆满	1	2	3	4	5	6	7
我满意自己的生活方式	1	2	3	4	5	6	7
到目前为止，我都能够得到我在生活上希望拥有的重要东西	1	2	3	4	5	6	7
如果我能重新活过，我还会选择现在的生活	1	2	3	4	5	6	7

13. 您认为社区（村）的公共文化建设，哪些方面应该加强？（可选择2项并根据其重要性排序）

第一 [　　　] 第二 [　　　]

①老年人活动中心　　②文体活动中心
③图书室（阅览室）　　④文体人才建设
⑤道德讲堂

14. 您参加过哪一类社会组织？[　　　]

①社会服务类　　②行业协会类
③兴趣爱好类　　④其他
⑤没有参加过

15. 对于以下表述，请根据自己的认识或感受在对应的数字上画"√"。其中，数字从"1"到"7"

依次表示"非常不同意"到"非常同意"。

	非常不同意						非常同意
老百姓的养老就业等越来越有保障了	1	2	3	4	5	6	7
老百姓日常的生活成本有所下降	1	2	3	4	5	6	7
现在老百姓的生活越来越有尊严	1	2	3	4	5	6	7
我们的社会正在朝着公平、公正的方向发展	1	2	3	4	5	6	7
我能够在工作、生活中感受到成就感和自豪感	1	2	3	4	5	6	7
现在的基层干部在依法行政方面得到了很大改善	1	2	3	4	5	6	7
我对国家的长治久安充满了信心	1	2	3	4	5	6	7
我能够感受到和谐的社会氛围和良好的社会信任	1	2	3	4	5	6	7

16. 在社区（村）管理当中，您认为存在的主要问题有哪些？（可选择2项并根据其重要性排序）

第一 [　　] 第二 [　　]

①文化活动场所、健身设施等服务设施缺乏

②停车位等基础性设施缺乏

③社会治安与安全问题

④垃圾处理与环境卫生问题

⑤物业管理问题

17. 您认为现在社区（村）最需要的公共服务或设施有哪些？（可选择3项并根据其重要性排序）

第一 [　　] 第二 [　　] 第三 [　　]

①医疗诊所　　②文化活动室　　③环境绿化

④就业服务　　⑤体育设施和场地　　⑥养老服务

⑦社会保障　　⑧社会治安

18. 在社会治理的过程中，您认为下列哪些方面对良好的治理发挥重要的作用？（可选择2项并根据其重要性排序）

第一［　　］第二［　　］

①良好的家风　　　　②淳朴的民风

③正派的社会风气　　④文化传统的影响力

⑤和睦的邻里关系

19. 在社会治理的过程中，您认为下列哪些规则对良好的治理最为重要？（可选择2项并根据其重要性排序）

第一［　　］第二［　　］

①法律规范　　②社会规范　　③习俗惯例

④村规民约　　⑤传统规范

20. 对于以下表述，请根据自己的认识或感受在对应的数字上画"√"。其中，数字从"1"到"5"依次表示"非常不同意"到"非常同意"。

	非常不同意	→			非常同意
我对自己当前的生活水平非常满意	1	2	3	4	5
与五年前相比，我的生活状况有了明显地改善	1	2	3	4	5
我能够通过个人努力提高自己的生活水平	1	2	3	4	5
我对政府提供的公共服务非常满意	1	2	3	4	5
与五年前相比，政府的公共服务水平有明显提高	1	2	3	4	5

21. 在当地社区（村）治理中，以下哪些方面发挥重要作用？（可选择 2 项并根据其重要性排序）

第一 [　　] 第二 [　　]

①传统文化和传统道德

②当地的能人或有威望的人

③政府的宣传教育

④政府依法办事

⑤村委会、居委会、党组织

⑥群众社会组织

22. 请您阅读以下题目，并根据自己的真实情况与想法，在相应选项后的数字上画"√"。（请不要错填或漏填）

	非常不同意	比较不同意	有点不同意	有点同意	比较同意	非常同意
党和政府树立的模范党员、干部具有非常高的威信	1	2	3	4	5	6
党和政府有为老百姓主持公道的愿望	1	2	3	4	5	6
党和政府的政策确实是真心实意关心老百姓的	1	2	3	4	5	6
党和政府在老百姓的心里威信很高	1	2	3	4	5	6
党和政府有能力为老百姓主持公道	1	2	3	4	5	6

23. 您认为本地政府应该在下列哪些公共服务上加大财政投入？（可选择 3 项并根据其重要性排序）

第一 [　　] 第二 [　　] 第三 [　　]

①社会治安　　　　②文化体育服务

③养老服务　　④法律服务
⑤就业服务　　⑥社会保障
⑦农业科技　　⑧医疗服务

24. 对于以下表述，请根据自己的认识或感受在对应的数字上画"√"。其中，数字从"1"到"7"依次表示"非常不同意"到"非常同意"。

	非常不同意 →→→ 非常同意						
我的生命财产安全是能够得到保障的	1	2	3	4	5	6	7
我对当前的国家安全状况非常满意	1	2	3	4	5	6	7
我的生活环境、交通状况是安全的	1	2	3	4	5	6	7
我相信自己或家庭的收入会稳定增长	1	2	3	4	5	6	7
对于自己未来的养老就业等问题，我并不担心	1	2	3	4	5	6	7
我相信法律会公正地对待每个人	1	2	3	4	5	6	7
我对目前的医疗食品安全是放心的	1	2	3	4	5	6	7
我很少会担心日常的社会治安问题	1	2	3	4	5	6	7
我可以从亲情、爱情、友情中得到安慰和力量	1	2	3	4	5	6	7
我相信通过自己的努力，可以提升自己的社会地位	1	2	3	4	5	6	7
社会发展稳定、国家长治久安，这是完全可以预见的	1	2	3	4	5	6	7
随着我国社会保障的不断完善，因病因学返贫的现象将会越来越少	1	2	3	4	5	6	7
目前，我们的基本公共服务能够保障到绝大多数人的	1	2	3	4	5	6	7
随着社会经济和依法治国的不断推进，我们的各项权利会得到更好的保障	1	2	3	4	5	6	7

25. 您一般通过什么形式参与社区（村）里的一些公共事情的管理或服务？（可选择 2 项并根据其重要性排序）

第一 [　　] 第二 [　　]

①当志愿者　②参加居委会（村委会）的活动

③提供政策建议　④参加百姓议事团

⑤加入其他社会组织

26. 在最近三年中，您是否通过以下方式参与公共服务？（请在"是"、"否"上画√）

向政府或社区明确表达过对某项公共服务的需求	是 [ ]	否 [ ]
承接或参与过政府委托、政府购买的公共服务项目	是 [ ]	否 [ ]
参加过公共服务的志愿活动	是 [ ]	否 [ ]
参加过公共服务监督、质量评估或服务考核活动	是 [ ]	否 [ ]

27. 对于下列说法是否符合实际情况，请您在对应数字上画"√"。其中，数字从"1"到"5"依次表示"非常不符合"到"非常符合"。

	非常不符合				非常符合
在您所在地方，政府能够主动利用媒体向百姓公布政府开支情况	1	2	3	4	5
在您所在地方，老百姓可以方便地获得所需要的政府信息	1	2	3	4	5

28. 您是否参加过以下组织和活动？（请在相应的

数字上画"√",每条只选1项,请不要错填或漏填)

组织类别	参加组织但未参加任何活动	既参加组织也参加活动	未参加组织但参加组织的活动	未参加组织也未参加任何活动
工会	1	2	3	4
妇联	1	2	3	4
共青团	1	2	3	4
民办非企业单位	1	2	3	4
文化娱乐组织	1	2	3	4
志愿者组织	1	2	3	4
维权组织	1	2	3	4
基金会	1	2	3	4

29. 对于下列说法,请您根据自己的认识或感受在对应数字上画"√"。其中,数字从"1"到"6"依次表示"完全不同意"到"完全同意"。

	完全不同意 → 完全同意					
现在政府部门办事效率提高了、服务态度好转了	1	2	3	4	5	6
现在老百姓办事容易了,各种管理审批减少了	1	2	3	4	5	6
政府还是管得太多,有些事完全可以交给市场和社会组织去承担	1	2	3	4	5	6
政府现在提供的公共服务还是比较符合老百姓需求的	1	2	3	4	5	6
在依法行政方面,政府现在做得还是比较好的	1	2	3	4	5	6
在政府提供公共服务的过程中,老百姓参与的机会正在增多	1	2	3	4	5	6

中国社会科学院"地方政府治理现代化研究"创新项目组

2018年3月

参考文献

初尊贤主编：《政治学原理》，中国政法大学出版社 1997 年版。

邓正来、[英] 杰弗里·亚历山大主编：《国家与市民社会——一种社会理论的研究路径》，上海人民出版社 2006 年版。

费孝通：《乡土中国》，江苏文艺出版社 2007 年版。

李汉林：《中国单位社会：议论、思考与研究》，中国社会科学出版社 2014 年版。

梁漱溟：《中国文化要义》，上海人民出版社 2005 年版。

荣敬本、崔之元等：《从压力型体制向民主合作体制的转变——县乡两级政治体制改革》，中央编译出版社 1998 年版。

时宪民：《体制的突破——北京市西城区个体户研究》，中国社会科学出版社 1993 年版。

王沪宁：《当代中国村落家族文化》，上海人民出版社1991年版。

王铭铭、王斯福主编：《乡土社会的秩序、公正与权威》，中国政法大学出版社1997年版。

王颖、折晓叶、孙炳耀：《社会中间层——改革与中国的社团组织》，中国发展出版社1993年版。

俞可平等：《中国公民社会的兴起及其对治理的意义》，社会科学文献出版社2002年版。

张国庆主编：《公共行政学》，北京大学出版社2007年版。

张静：《法团主义》，东方出版社2005年版。

赵树凯：《乡镇治理与政府制度化》，商务印书馆2010年版。

周庆智：《官治与民治：中国基层社会秩序的重构》，社会科学文献出版社2019年版。

周庆智：《县政治理：权威、资源、秩序》，中国社会科学出版社2014年版。

周庆智：《在政府与社会之间：基层治理诸问题研究》，中国社会科学出版社2015年版。

周庆智：《中国基层社会自治》，中国社会科学出版社2017年版。

周庆智：《中国县级行政结构及其运行——对W县的社会学考察》，贵州人民出版社2004年版。

［德］哈贝马斯：《在事实与规范之间：关于法律和民主法治国的商谈理论》，童世骏译，生活·读书·新知三联书店 2003 年版。

［德］马克斯·韦伯：《经济与社会》（下卷），林荣远译，商务印书馆 1998 年版。

［古希腊］亚里士多德：《尼各马克伦理学》，廖申白译，商务印书馆 2003 年版。

［美］科尔曼：《社会理论的基础》（上），邓方译，社会科学文献出版社 1990 年版。

［美］孔飞力：《中国现代国家的起源》，生活·读书·新知三联书店 2013 年版。

［美］罗尔斯：《正义论》，何怀宏等译，中国社会科学出版社 1988 年版。

［美］乔·米格代尔：《强社会与弱国家——第三世界的国家社会关系即国家能力》，张长东等译，江苏人民出版 2012 年版。

［美］珍妮特·登哈特、罗伯特·登哈特：《新公共服务：服务，而不是掌舵》，丁煌译，中国人民大学出版社 2004 年版。

［美］邹谠：《二十世纪中国政治——从宏观历史与微观层面看》，牛津大学出版社（香港）2000 年版。

［匈］卢卡奇：《历史与阶级意识——关于马克思主义辩证法的研究》，杜章智、任立、燕宏远译，商务印

书馆1992年版。

邓正来:《社会秩序规则二元观——哈耶克法律理论的研究》,《北大法律评论》1999年第2卷第2辑。

王立胜、王清涛:《资本逻辑的兴起与当代中国的价值重建》,《文化纵横》2016年10月刊。

张静:《社会整合纽带比较:文化与政治》,《二十一世纪》第140期,2013年12月号。

Carl J. Fredrich (ed.), *Totalitarianism*, University Library Edition, 1964.

Gordon Wite, "Prospects Civil Society in China: A Case Study of Xiaoshan City", *The Australian Journal of Chinese Affairs*, No. 29, 1993.

Jean Oi, *Rural China Takes Off: Institutional Foundations of Economic Reform*, Berkeley & LA: University of California Press, 1999.

Roger V. Gould, Patron Client Ties, "State Centralization, and the Whiskey Rebellion", *American Journal of Sociology 102*, September 1996.

V. Shue, *The Reach of the State: Sketches of the Chinese Body Politics*, Stanford: Stanford University Press, 1988.

周庆智，法学博士，中国社会科学院政治学研究所政治文化研究室主任，研究员，博士后合作导师，中国社会科学院研究生院教授，博士生导师。研究领域为政治社会学、社会人类学、历史学。出版学术专著《中国县级行政结构及其运行——对W县的社会学考察》《中国基层社会自治》《官治与民治：中国基层社会秩序的重构》《县政治理：权威、资源、秩序》《在政府与社会之间：基层治理诸问题研究》等6部。在《政治学研究》《南京大学学报》《武汉大学学报》《华中师范大学学报》等学术期刊发表论文100余篇，50余篇论文被《新华文摘》《中国社会科学文摘》、中国人民大学复印报刊资料等转载。

蔡礼强，历史学博士，法学博士后，中国社会科学院大学（研究生院）公共政策与管理学院执行院长，教授，博士生导师，中国社会科学院大学MPA教育中心主任、社会组织与公共治理研究中心主任。主持有国家社会科学基金项目、中国社会科学院重点课题、部委课题与地方政府委托重大课题等多项研究课题。主要社会兼职有全国社会保险标准化委员会专家委员、应急管理部消防救援局特约研究员等。担任"领导力"丛书主编、《中国社会组织报告》系列蓝皮书执行主编等。